劳动教育概论

Introduction to Labour Education

田鹏颖◎主　编

中国工人出版社

图书在版编目（CIP）数据

劳动教育概论 / 田鹏颖主编 . —北京：中国工人出版社，2021.12

ISBN 978-7-5008-7785-1

Ⅰ . ①劳…　Ⅱ . ①田…　Ⅲ . ①劳动教育—高等学校—教材　Ⅳ . ① G40-015

中国版本图书馆 CIP 数据核字（2021）第 234111 号

劳动教育概论

出 版 人	王娇萍
责任编辑	罗荣波
责任印制	栾征宇
出版发行	中国工人出版社
地　　址	北京市东城区鼓楼外大街45号　邮编：100120
网　　址	http://www.wp-china.com
电　　话	（010）62005043（总编室）　（010）62005039（印制管理中心） （010）62382916（工会与劳动关系分社）
发行热线	（010）82029051　62383056
经　　销	各地书店
印　　刷	北京市密东印刷有限公司
开　　本	710毫米×1000毫米　1/16
印　　张	14
字　　数	180千字
版　　次	2022年1月第1版　2022年1月第1次印刷
定　　价	48.00元

本书编委会

主　　编： 田鹏颖

副 主 编： 朱丽颖

编委会成员： 吴宏政　石红梅　刘　文　郝　琦

张志元　董　蕾　李　丹

序　言

2020 年 3 月，中共中央、国务院印发《关于全面加强新时代大中小学劳动教育的意见》（以下简称《意见》），要求全党全社会必须高度重视劳动教育，采取有效措施，切实加强劳动教育；提出“紧密结合经济社会发展变化和学生生活实际，积极探索具有中国特色的劳动教育模式，创新体制机制，注重教育实效，实现知行合一”，对劳动教育进行了系统的顶层设计和具体的安排部署，标志着新时代劳动教育进入了实施阶段。高校必须全面贯彻党的教育方针，把立德树人作为教育中心环节，把劳动教育纳入人才培养全过程，实现德智体美劳“五育”共同发展。

加强劳动教育是构建中国特色社会主义德智体美劳全面培养教育体系的必然要求。中国特色社会主义教育的发展方向是“为人民服务，为中国共产党治国理政服务，为巩固和发展中国特色社会主义制度服务，为改革开放和社会主义现代化建设服务”，决定了我们培养的人才必须是担当民族复兴大任的时代新人，必须有正确的世界观、人生观、价值观，包括正确的事业观、审美观、劳动观。在德智体美劳全面培养体系中，劳动教育具有更基础、更基本、更“原初”的意义和价值，劳动可以树德、劳动可以增智、劳动可以强体、劳动可以育美。

马克思指出：未来教育对所有已满一定年龄的儿童来说，就是生产劳动与智育和体育相结合，它不仅是提高社会生产的一种方法，而且是造就全面发展的人的唯一方法。劳动教育，核心是关于劳动观的教育。

劳动观，即人们对“什么是劳动”问题的看法，或者说是关于劳动的本质的理解。劳动在马克思主义哲学、马克思主义政治经济学和科学社会主义中是一个理论枢纽，是联系三个组成部分的中介，是马克思主义实践观、群众观、阶级观、发展观、矛盾观的基础。甚至在一定意义上可以说，劳动是马克思“两个伟大发现”的基石，劳动是社会必须围绕着其旋转的“太阳”。人通过劳动成为人，人通过劳动解放自己。只有深入理解、正确把握劳动，才能真正理解和把握马克思主义理论是“人民实现自身解放的思想体系”。

正确看待劳动，才能尊重劳动；尊重劳动，才能更好地从事劳动。中外思想史上关于劳动的本质问题的思考十分丰富。如中国古代哲学家孟子提出“劳心者治人，劳力者治于人”的思想，对劳动进行了区分。西方哲学也对劳动有诸多的论述，而马克思和恩格斯对劳动的本质的认识是最为科学的理解。历史唯物主义认为，劳动是和人的本质相关联的活动。因此，理解劳动的本质与对人的本质的理解紧密相关。在马克思看来，人类有自然属性，同时也是有意识的“类存在物”，即有理性的存在物，而这两者都要通过劳动才能实现。马克思在《资本论》的剩余价值学说中，对资本主义的“异化劳动”作了深刻批判，把劳动区分为“具体劳动”和“抽象劳动”，在政治经济学的意义上提出了劳动创造价值的“劳动价值论”，区别于古典经济学对劳动的理解。恩格斯也在《家庭、私有制和国家起源》中论述过劳动在人类从猿到人转变过程中所发挥的决定性作用，提出了“劳动创造了人”的观点。劳动是人的谋生手段，因而是人类的生存方式，同时也是人的本质，即社会性得以实现的根本方式。尊重劳动、倡导劳动、保护劳动，是社会主义先进性、优越性的显著标志和前提条件。

加强劳动教育，要弘扬劳动精神、劳模精神和工匠精神。习近平总书记强调：要在学生中弘扬劳动精神，教育引导学生崇尚劳动、尊重劳动，懂得劳动最光荣、劳动最崇高、劳动最伟大、劳动最美丽的道理，长大后能够辛勤劳动、诚实劳动、创造性劳动。劳模精神、劳动精神、工匠精神以崇尚劳动和尊重劳动者为内核，包含劳动精神面貌、劳动价值导向、劳动技能水平三个层次，为实现中华民族伟大复兴中国梦奠定社会资本，为凝聚丰富民族精神和时代精神提供思想基础，为引领并形成劳动最光荣的社会新风尚提供文化支撑，是激励全党全国各族人民面向新征程、展现新作为的重要精神动力。劳动是财富的源泉，也是幸福的源泉。人世间的美好梦想，只有通过诚实劳动才能实现；发展中的各种难题，只有通过诚实劳动才能破解；生命里的一切辉煌，只有通过诚实劳动才能铸就。劳动是一切成功的必经之路。今天，我们要实现“两个一百年”的奋斗目标，实现中华民族伟大复兴的中国梦，归根结底要靠辛勤劳动、诚实劳动、科学劳动。当前，党和国家事业踏上新征程，需要发挥人作为生产力中最活跃、最根本的要素作用，促使每一个劳动者把实现党和国家确立的发展目标变成自己的自觉行动。弘扬“三种精神”，对于引导青年学生坚信劳动创造幸福，自觉承担国家主人翁的责任与担当，用劳动托起个人梦、中国梦具有重要意义。

劳动教育是中国特色社会主义教育体系的重要组成部分，是实现立德树人根本任务的重要要求。加强劳动教育关键在于把握规律，体现时代性、富于创造性，科学谋划、优化协调、精准高效、扎实推进。第一，推进劳动教育与思想政治教育相结合，在“三全育人”中实现劳动教育与思想政治教育相协调、相衔接、相一致，让马克思主义劳动观进课堂、进头脑、进心灵，通过铸魂育人。第二，推进劳动教育与专业教育相结合，在专业课程中自觉强化劳动导向，自觉融入劳动要素，构建具有本专业特色的劳动教育价值体系，培养劳动精神、劳模精神、工匠精神。第三，推进劳动教育与实习教育相结合，引导学生在实习、实训、考察、调研中，加深与普通劳动者的感情，拓展劳动知识，提升劳动技能，养成劳动自觉，干一行、爱一行、钻一行，从而为走入社会做好职业思想准备。第四，推进劳动教育与创业教育相结合。习近平总书记反复强调诚实劳动、创造性劳动，这既充分体现了新时代对劳动的新要求，也是劳动教育、劳动精神培养需要追求的重要目标。必须加强体制机制建设，完善“双创”教育体系，拓展“双创”教育空间，为大学生提供更灵活的参与“双创”的机会、平台。第五，推进劳动教育与志愿服务相结合。在社会实践和志愿服务中融入劳动教育，有助于形成良好劳动习惯，感受劳动乐趣，享受劳动收获，这是劳动教育的最高境界。通过工学结合、勤工助学、劳动体验等途径，积极引导学生志愿参与社会服务，培养劳动情怀、劳动意识和奉献精神。

我国社会主义教育就是要培养德智体美劳全面发展的社会主义建设者和接班人。高等教育要立足中华民族伟大复兴战略全局和世界百年未有之大变局，心怀“国之大者”，把握大势，敢于担当，善于作为，为国家富强、民族复兴、人民幸福贡献力量。通过劳动教育，引导广大青少年牢固树立热爱劳动的思想、牢固养成热爱劳动的习惯，为祖国发展培养一代又一代勤于劳动、善于劳动的高素质劳动者。使广大青年能够更好地肩负历史使命，坚定前进信心，明大德、担大任，努力成为堪当民族复兴重任的时代新人，让青春在为祖国、为民族、为人民、为人类的不懈奋斗中绽放绚丽之花。

目　录

第一章　劳动本质

第一节　历史唯物主义的劳动观

劳动观，即人们对“什么是劳动”的看法，或者说是关于劳动的本质的理解。劳动这一概念是马克思主义哲学的基本范畴，在马克思主义哲学体系中占据重要位置。劳动教育，首先就是关于劳动观的教育。正确看待劳动，才能尊重劳动；尊重劳动，才能很好地从事劳动。因此，劳动观问题是劳动教育的前提问题。

中外思想史上关于劳动的本质问题的思考十分丰富。如中国古代哲学家孟子提出“劳心者治人，劳力者治于人”的思想，对劳动进行了区分。西方哲学也对劳动有诸多的论述，而马克思和恩格斯对劳动的本质的认识是最为科学的理解。恩格斯曾经概括马克思毕生两大发现，一个是唯物史观，一个是剩余价值学说。① 而对马克思主义劳动观的理解，离不开这两个学说。

历史唯物主义认为，劳动是和人的本质相关联的活动。因此，理解劳动的本质与对人的本质的理解紧密相关。在马克思看来，人类有自然属性，同时也是有意识的“类存在物”，② 即有理性的存在物。而这两者都要通过劳动才能实现。

① 马克思恩格斯文集：第 3 卷［M］．北京：人民出版社，1995：601.
② 马克思恩格斯文集：第 1 卷［M］．北京：人民出版社，1995：162.

一方面，在历史唯物主义中，马克思提出劳动是人的生存方式。这里劳动主要是指创造物质生活资料的活动。人与动物的根本区别在于，动物直接适应自然环境而生存，而人类则不同，因为自然不会直接满足人的生存需要，而是需要人类自己为自己的生存创造物质生活资料。这一过程就表现为人对自然的“改造”。因此，劳动的本质也就是人类为了满足自己的生存需要而改造自然，使其满足人类生存需要的活动。因此，劳动首先就是人类的谋生手段。仅仅从这一点来看，人类与动物就具有了根本区别。正如马克思所指出的：“可以根据意识、宗教或随便别的什么来区别人和动物。一旦人开始生产自己的生活资料，即迈出由他们的肉体组织所决定的这一步的时候，人本身就开始把自己和动物区别开来。”① 所以，劳动是满足生存需要而改变自然的活动，是人类的谋生手段，是人与动物的本质区别。

另一方面，人作为有意识的存在者，因而必然和他人发生“关系”。正如马克思所说的：“凡是有某种关系存在的地方，这种关系都是为我而存在的；动物不对什么东西发生‘关系’，而且根本没有‘关系’；对于动物来说，它对他物的关系不是作为关系而存在的。”② 正是因为有了后者，马克思进一步把人的本质规定为：“人的本质不是单个人所固有的抽象物，在其现实性上，它是一切社会关系的总和。”③ 而劳动是人的“有意识”“有目的”的活动，同时也必然是在与“他人”的“关系”中进行劳动的，这就形成了历史唯物主义所说的生产关系。所以，劳动就其直接性来说，是人与自然之间的物质交换关系。同时，就其间接性来说，劳动中还包含人与人之间的生产关系。所谓生产关系，简单说就是“谁来生产，生产什么，产品如何分配”的问题。前者是人与自然之间的关系，后者体现了人与人之间的关系。

---

① 马克思恩格斯文集：第 1 卷［M］. 北京：人民出版社，1995：519.

② 马克思恩格斯文集：第 1 卷［M］. 北京：人民出版社，1995：533.

③ 马克思恩格斯文集：第 1 卷［M］. 北京：人民出版社，1995：501.

劳动中必然发生人与人之间的关系，即生产关系。因此，人类要在怎样的生产关系中劳动，才能使劳动更好地满足人类生存需要呢？对这一问题的探讨，构成了马克思主义哲学的一条主线。马克思认为，如果生产资料归私人占有，就是私有制的生产关系，在这种生产关系中，劳动产品不能归劳动者所有，因而劳动对人类来说就变成了一种“异己力量”。马克思把资本主义私有制下的劳动称为“异化劳动”。而马克思认为，合理的生产关系必然是生产资料的公有制。只有在公有制的条件下，劳动产品归劳动者共同占有，此时的劳动才是“自由自觉的劳动”。而怎样才能实现“自由自觉的劳动”呢？马克思认为，需要消灭资本主义私有制，建立公有制，这就是共产主义。因此，在共产主义社会的高级阶段，劳动就不仅是“谋生的手段”，而且本身成为“生活的第一需要”。所谓“生活的第一需要”不是指“吃穿住”等生物需要，而是指人的本质确证的需要，而劳动就是对人的自由本性的社会性的确证。因为，人的本质就体现在社会关系的总和当中。

以上是历史唯物主义中对劳动的根本看法。此外，马克思在《资本论》的剩余价值学说中，对资本主义的“异化劳动”作了深刻批判，把劳动区分为“具体劳动”和“抽象劳动”，在政治经济学的意义上提出了劳动创造价值的“劳动价值论”，区别于古典经济学对劳动的理解。恩格斯也在《家庭、私有制和国家的起源》中论述过劳动在人类从猿到人转变过程中所发挥的决定性作用，提出了“劳动创造了人”的观点。总之，历史唯物主义认为，劳动是人的谋生手段，因而是人类的生存方式，同时也是人的本质，即社会性得以实现的根本方式。

第二节　劳动是人类诞生的进化论基础

达尔文在《物种起源》中提出了生物进化论思想。达尔文系统考察了人类的史前史并提出人类是从类人猿转变而来的进化论观点。这一进化论是影响马克思和恩格斯的重要思想之一。马克思和恩格斯开创的历史唯物主义的一个基本信念是，不仅自然界是进化的，人类社会也是发展进步的。马克思和恩格斯揭示了社会历史的发展规律，即历史唯物主义的基本规律。其中，劳动在人类以及人类社会的形成中所占有的重要地位，也构成了历史唯物主义的重要理论基础。恩格斯在自然辩证法研究中，专门撰写了《劳动在从猿到人的转变中的作用》一文，该著作的核心观点是，劳动是人类诞生的进化论基础。

一、历史唯物主义劳动进化论

进化论是关于自然界各个物种诞生和发展规律的理论。这一理论深层次上隐含着世界观的问题。不同的世界观影响和制约着对大自然生命活动的不同的解释。西方传统思想以基督教唯心论世界观为基础，关于人类的起源问题总体观点是上帝创造了人。上帝也被称为“造物主”，不仅创造了人类，而且是一切自然存在者的创造者。这一点在《圣经》中有系统的描述。与此不同，马克思主义坚持唯物主义世界观，在人类起源问题上，核心观点可以归结为劳动创造了人本身。恩格斯指出：“劳动是整个人类生活的第一个基本条件，而且达到这样的程度，以致我们在某种意义上不得不说：劳动创造了人本身。”①

人类作为自然界的一员，与其他自然物包括植物和生物一样，都服从生物进化的规律。恩格斯以达尔文的进化论为基础，详细考察了劳动在人类诞生过程中所发挥的甚至是决定性的作用。一切生物都以生命为目的展开活动，生物的生存服从自然规律。对于动物来说，它们的生存首先面临的是不同种群之间的竞争。在竞争中获胜的物种就能够保存下来，而失败的物种就被自然所淘汰，这被称为生物进化过程中的自然选

---

① 马克思恩格斯文集：第 9 卷［M］. 北京：人民出版社，1995：550.

择。动物和自然环境之间也存在着自然选择的过程，那些能够适应环境的物种就会保留下来，而不能适应环境的物种就会自己寻找适合的环境，如果不能改变自己的生存环境，这些物种也会被自然淘汰。

人类作为一个特殊的物种，也是在和其他物种的竞争关系以及与自然环境的适应过程中才得以保存下来。按照恩格斯的说法，人类早期至少是一部分生活在树上，否则，这一物种或许早已被巨大野生动物所淘汰。历史唯物主义的进化论认为，作为生命活动的劳动，是人类改变自然并满足生存需要的过程。在劳动过程中，人的自然生理机能、人的生物器官、人的思维和语言等都逐渐形成。人类的各种器官和机能是在与自然环境之间的长期“磨合”中才逐渐形成的，这一磨合过程也就是劳动的过程。劳动是人和自然之间动态关系的桥梁和纽带，生命作为运动不仅包括生物有机体内部的运动，也包括生命有机体与自然之间相互作用的运动，后者是通过劳动实现的。因此，劳动也构成了人的生命运动。

此外，历史唯物主义劳动进化论认为，不仅人作为单个生命体的存在是在劳动中诞生的，而且由单个人所组成的社会也是在劳动中诞生的。即便在早期人类的生产实践中，也会发生人类内部之间的协作关系。从猿到人的转变的一个成熟的标志就是人类社会的形成，而这其中也是以劳动为基础才建立起来的，劳动中的不可避免的各种协作关系是人类社会诞生的开始。所以，历史唯物主义的基本原理不仅是阶级社会以来的人类社会历史规律，也包括从猿到人的转变过程及其规律。这是历史唯物主义劳动观的第一个重要内容。

二、劳动在从猿到人进化中的决定性功能

劳动在从猿到人进化中发挥了决定性的作用，发现这一点是恩格斯对历史唯物主义作出的重大贡献。恩格斯认为，“直立姿势行走”是从猿到人转变的第一步。直立行走意味着“手”的解放，因而为“劳动”提

供了第一个身体条件，“由此就迈出了从猿到人的具有决定意义的一步”①。手是劳动的最基础的身体条件，没有手从行走工具中解放出来，就无法从事劳动，而直立行走也是在数十万年的进化过程中才出现的。手的劳动总是要与自然对象发生相互作用，进而在自然的刺激下，手的发育也不断提高劳动能力，甚至逐渐改变了手的生理结构，以便适应自然和改变自然。

正是通过劳动，才使手的生理和生存能力不断提高，加速了从猿到人的转变进程。正如恩格斯所指出的：“手不仅是劳动的器官，它还是劳动的产物。只是由于劳动，由于总是要去适应新的动作，由于这样所引起的肌肉、韧带以及经过更长的时间引起的骨骼的特殊发育遗传下来，而且由于这些遗传下来的灵巧性不断以新的方式应用于新的越来越复杂的动作，人的手才达到这样高度的完善。”②

进一步讲，劳动中必然产生人与人的交往，而为了能够准确达到交往的目的和意图，就产生了语言。因此，语言也是在劳动过程中产生的。“这些正在生成中的人，已经达到彼此间不得不说些什么的地步了。”③ 这就是说，劳动创造了语言。直到当代，西方某些哲学家仍然坚持语言是人与动物的区别。语言是一种符号，或者说是形象的符号，或者说是声音的符号，通过符号达到交流的目的是语言的特殊功能。因此，语言在人类的诞生中也发挥了重要的作用，而语言是在劳动中诞生的。

语言是思想的外壳。如果没有思想的能力，是不会产生语言的，这就促使了人脑的形成。恩格斯进一步分析了劳动在人脑形成中的决定性作用。“迅速前进的文明完全被归功于头脑，归功于脑的发展和活动；人们已经习惯于用他们的思维而不是用他们的需要来解释他们的行为（当

① 马克思恩格斯文集：第9卷［M］．北京：人民出版社，1995：551.
② 马克思恩格斯文集：第9卷［M］．北京：人民出版社，1995：552.
③ 马克思恩格斯文集：第9卷［M］．北京：人民出版社，1995：553.

然，这些需要是反映在头脑中，是进入意识的）。”① 起初，人与人之间的交流是从需要出发，但要使这种需要被他人所理解并进入协作，就要把需要转变为某种更加清晰的声音或形象的符号，这就产生了思维的活动。可见，人脑是从猿到人转变中的关键决定性因素。后来的哲学家把人与动物的区别定义为“有理性的存在者”，这也是与人脑的形成有直接关系。人脑意味着思维的出现，而思维具有真正意义上的理性能力，从而把人与动物彻底区别开来。

劳动的一个显著的标志是能够制造并使用工具。恩格斯指出：“劳动是从制造工具开始的。”② 所以，我们通常也说“人是能够制造和使用工具的动物”。在手获得解放之后，劳动的视野不断扩大，因而劳动的方式也开始逐渐丰富起来，这其中的直接表现就是劳动工具的创造，而创造劳动工具也是通过劳动来完成的。后来，经济学家把这一类的劳动称为生产生产资料的劳动，以区别于生产生活资料的劳动。

最后，劳动创造了人类社会。恩格斯指出：“从攀树的猿群进化到人类社会之前，一定经过了几十万年——这在地球的历史上只不过相当于人的生命中的一秒钟。但是人类社会最后毕竟出现了。人类社会区别于猿群的特征在我们看来又是什么呢？是劳动。”③ 到此，以人类社会的形成为标志，已经完全从猿转变为人。“由于随着完全形成的人的出现又增添了新的因素——社会。”④

三、劳动创造了人本身

根据以上论述可知，人与动物的根本区别全部是建立在劳动基础之

① 马克思恩格斯文集：第 9 卷［M］．北京：人民出版社，1995：557.
② 马克思恩格斯文集：第 9 卷［M］．北京：人民出版社，1995：555.
③ 马克思恩格斯文集：第 9 卷［M］．北京：人民出版社，1995：555.
④ 马克思恩格斯文集：第 9 卷［M］．北京：人民出版社，1995：554.

上的。正如恩格斯所指出的："一句话，动物仅仅利用外部自然界，简单地通过自己的存在在自然界中引起变化，而人则通过他所作出的改变来使自然界为自己的目的服务，来支配自然界。这便是人同其他动物最终的本质差别，而造成这一差别的又是劳动。"①

从人类发生学的角度看，劳动在从猿到人的转变过程中发挥了决定性的作用。这一历史唯物主义观点，把劳动提高到了"人的生成"的高度，同时也把劳动提升为"人的本质"的高度。也就是说，劳动既是人类诞生的活动，也是人类区别于其他一切动物的标志性活动。一般来说，在历史唯物主义的体系中，劳动和人的存在之间的关系包括三个层次：其一，劳动创造了人；其二，劳动是人类谋生的手段；其三，劳动是人的本质。劳动创造了人，是从生物进化论的角度揭示了人类的起源。而劳动成为人类的谋生手段，是以制造并使用工具，改变自然以满足自己生存需要的基本活动的方式，使人类得以生存下去。而最重要的是，劳动创造了人脑，使人能够使用自己的理性去思考，使人类形成了交往的语言工具，推动人类形成了社会，因而劳动最终变成了人的本质。可见，劳动对于人类来说，是从上述三个层面全方位地使人成为人，这是历史唯物主义劳动观的基本内涵。

第三节　劳动是人类特有的生存方式

人作为自然界的一员，其生存必然依赖自然提供的物质资料。但是，自然界不能直接满足人的生存需要，而动物则可以直接从自然中获取生存资料。动物依靠本能，凭借自己的生物器官，可以直接从自然获取事物，搭建居所，或直接寄生于自然。而人则不同，人需要通过自己的双手改造自然，创造生存需要的物质资料，从而满足生存需要。因此，劳

① 马克思恩格斯文集：第 9 卷［M］. 北京：人民出版社，1995：559.

动是人类生存的基本方式，离开劳动就无法生存。

一、劳动是人与动物的根本区别

马克思把劳动看作人与动物的根本区别，这说明，劳动是人之为人的本质规定。西方哲学家对人的本质规定的理解有诸多观点，比如，“人是会说话的动物”“人是有文化的存在者”以及“人是有理性的存在者”等，往往把“理性”视为人与动物的区别，这在西方哲学中是最为常见的观点。然而，马克思并不同意西方哲学的这些观点，他坚持从“现实的人”出发来理解人的本质，因而建立了“唯物主义”的哲学体系，这就是历史唯物主义。

动物的生存是依靠“本能”，所谓“本能”，直接理解就是“本来的能力”，也就是大自然直接赋予生物的一种生存能力，这种能力随着生物的成长而自然而然地成为动物的生命活动。动物的器官天然具有满足生命需要的功能，如快速奔跑捕食的能力，高空俯视地面、水面猎物的能力，锐利的牙齿的咀嚼能力，直接辨别食物的嗅觉能力，等等。凭借这些天然的器官，动物可以本能地从自然中直接满足自己的需要。而人则不同，最大的区别在于，人是有意识的存在者。马克思指出：“动物和自己的生命活动是直接同一的。动物不把自己同自己的生命活动区别开来。它就是自己的生命活动。人则使自己的生命活动本身变成自己意志的和自己意识的对象。”① 在马克思看来，动物的活动就是直接建立在本能基础上的生命活动，而人的生命活动是建立在对自己生命的意义和价值的反思基础之上的。因此人的生命活动不是直接完成的，而是黑格尔意义上的经过反思或思考所“中介”了的活动，也是历史唯物主义认识论所坚持的“在头脑中被反映”了的生命活动。

这种经过对生命活动的反思和认识的生命，被分为两个方面。一方

① 马克思恩格斯文集：第 1 卷［M］．北京：人民出版社，1995：162.

面是现实的生命活动，另一方面是思想中的生命活动。而思想中的生命活动，又可以分为两个方面，一是在对过去的历史的理解中，开展当下的生命活动；二是在对未来的构想中，开展当下的生命活动。这就是说，对于人类来说出现了三个世界：一是现实中的“实然世界”，二是理解中的“历史世界”，三是理想中的“应然世界”。人总是在自己过去的历史中总结自己生命活动的意义和价值，同时也在自己的思想中为自己未来的生命活动提供某种意义或价值，正是这些意义和价值才使人类的生命活动具有了历史的维度和应然的维度。所以，动物是仅仅活在当下的，而人是不仅活在当下，也活在历史中和应然中。在这个意义上，马克思为人类提供了生命活动的最高理想——共产主义，即人类的自由和解放。而且，人类还因为对自己过去行为和经历的反思，从而也活在了过去的历史当中，比如，我们已经在传承的文化中生活，我们还要总结经验教训。所以，马克思为人类的生命活动提供了历史唯物主义的理解和解释。

人类如何不断地实现自己的生命意义和价值呢？在历史唯物主义看来，只能通过劳动。人类对自己生命活动的意义和价值的反思，不能仅仅停留在人们的头脑中，不能仅仅作为一种观念或理论而存在，而是要把这些思想作为观念和理论而存在的意义和价值，在自己的实践活动中转变为现实，从而最终实现马克思所说的改变世界的目的。因此，马克思指出：“哲学家们只是用不同的方式解释世界，而问题在于改变世界。”① 而改变世界的活动主要就是劳动。正是在这个意义上，人类在劳动中不断改变世界，实现着自己的生命意义和生命价值，从而使人类的生命活动与动物区别开来，建构了有意义、有价值的生活世界，即动物的生命活动仅仅是生存，而人则通过反思和劳动把生命活动变成了生活。

① 马克思恩格斯文集：第 1 卷［M］. 北京：人民出版社，1995：502.

二、人类通过劳动满足自己的生存需要

马克思在《德意志意识形态》中指出，“当人们还不能使自己的吃喝住穿在质和量方面得到充分保证的时候，人们就根本不能获得解放”①，这就需要不断从自然中获取自己的生活资料。因此，马克思并不反对劳动是人类的谋生手段。马克思正是以劳动为基础，以解决吃穿住这些问题为基础，开展对人类社会历史的分析，进而发现了社会历史发展的客观规律。

劳动是创造物质生活资料的过程，因而劳动主要表现为物质生产活动。马克思在《资本论》中，把劳动分为两个方面，即“劳动的二重性”原理。一方面，劳动是创造某种使用价值的活动，创造某种具体的使用价值的劳动就是“具体劳动”；另一方面，无论哪一种劳动，无论创造怎样的使用价值，这些劳动都作为人类脑力和体力的支出，因而它们都是“抽象劳动”。所谓“抽象劳动”，当然是通过人的“抽象”的思想活动，从全部“具体劳动”中把劳动的普遍共性“抽象”出来而形成的，即一切劳动都是“脑力和体力”的支出。这是劳动的普遍本质。

物质生活资料是具有使用价值的，不具有使用价值的自然物就不是物质生活资料。诚然，有些物质生活资料是不需要通过劳动获得的，比如阳光、空气、环境等，这些生活资料是大自然直接赐予人类和其他一切生物的生命条件。但是，生命活动不仅需要这些自然条件，还需要更多的、更加丰富的物质生活资料。这些生活资料大自然不能直接满足人类，因而需要人类通过自己的生产劳动创造出来。如果离开人类自己的生产劳动，自然物质不能直接满足人类的生存需要，也不会具有对人来说的使用价值。可见，劳动是创造使用价值的活动。除了少部分自然条件能够直接满足人的生存需要，大部分生活资料都是通过人类的劳动创

① 马克思恩格斯文集：第1卷［M］．北京：人民出版社，1995：527.

造出来的。

西方古典经济学中就提出了劳动在创造财富中的作用。马克思在批判古典经济学的基础上，进一步明确了劳动在创造财富中的决定性作用。劳动当然要建立在自然提供的物质资料基础之上，但是，劳动使这些物质资料变成了对人类来说有用的物质资料。比如，在农业生产中，当然需要有土地、阳光、空气、水等自然物质条件。但是，这些物质要素都需要通过人类的劳动，才能转变为生活所必需的粮食和蔬菜等。工业生产中同样如此，如各种能源和工业原材料本身都不直接具有生活资料的使用价值，只有通过劳动才能获得使用价值。总之，自然物是通过劳动才转变为具有某种使用价值的物质生活资料的。

生存需要是指个体为了保证生命的延续，就必须满足自己的吃穿住等基本的需要。而劳动作为获取这些基本生存需要的物质资料的时候，就是谋生手段。这里所谓的生存需要是需要加以明确的，一般来说，似乎人的需要是无止境的。这与人的贪欲有直接的关系。因此，必须把基本的生存需要与贪欲所引起的需要区别开来。因为，如果超出了基本的生存需要，由贪欲所引起的需要，是无法通过劳动来最终满足的。所以，追求贪欲满足的需要的劳动，就不应该被看作谋生手段了。然而，对于基本的生存需要和贪欲所引起的需要之间的区分，却是十分困难的事情。两种性质不同的需要，在量上很难作出明确的划分。比如，对于居住的房屋，多大面积算是正常的基本生存需要？多大面积算是贪欲的需要？这是很难用量来加以划分的。

两种需要在主观上的判断标准是是否满足。比如，如果基本需要已经得到满足，那么，超出基本需要以上的需要，就是贪欲引起的需要。因此，基本需要是否满足，构成了两种需要的划分尺度。然而，满足从何而来？是从客观物质数量的多少而来，还是从自己的判断中而来？对于两种需要的划分不能完全借助于客观的量作为标准，而是必须要回到主观当中，在人的自己的观念中为两种需要划定界限。也就是说，一种需要是不是基本的需要，取决于我们对这种需要的认识，是否认为满足。比如，有人认为100平方米的住房就足够了，而有人认为150平方米才够。所以，是否满足这种划定尺度就不是依据客观的量的多少，而是依据自己的认识。但是，这仍然没有最终解决问题，因为，对于需要的认识是否具有客观性呢？这同样是一个难题。人们的认识不同，因而对于需要的划分当然也就不同，所以又必须进一步回到认识的客观性上来寻求两种需要的划分尺度。

总之，只有那些满足生存的基本需要的劳动，才是谋生手段。而超出基本需要，追求满足贪欲的需要是无法在劳动中实现的。这是因为，需要是永无止境的。正因如此，劳动也就不是为了谋生，而是为了贪欲。这样的劳动也是一种“异化劳动”。

三、劳动中人与自然的物质交换过程

劳动是改变自然的过程。在这一过程中，发生了人与自然之间的物质变换过程。恩格斯指出：“政治经济学说，劳动是一切财富的源泉。其实，劳动和自然界在一起才是一切财富的源泉，自然界为劳动提供材料，劳动把材料转变为财富。”① 一方面，人类需要从自然界获取营养、空气、环境，从而把自然物转变为人的生存需要的物质资料。另一方面，人类为了生存需要，需要不断把自己的意志和意识投射给自然，使人的需要向自然转化。

马克思曾经指出，自然界是人的无机的身体。② 这意味着，自然界不是与人无关的纯粹的自然物，其存在的意义是被人类的生存活动所定义的，自然界是人的一部分，即人的无机的身体。人的生存所需要的营养

① 马克思恩格斯文集：第9卷［M］．北京：人民出版社，1995：550.

② 马克思恩格斯文集：第1卷［M］．北京：人民出版社，1995：161.

物质是从自然界获取的，因而需要把自然界的物质转化为对人来说有价值的物质，改变自然物的存在方式，使其为人类生存服务。

自然物转化为人的需要的有用物，诚然是有界限的。因为，自然物的使用价值是多方面的，包括环境也是人类生存的条件。所以，如果过度开发自然、利用自然，就会导致资源枯竭和能源危机，甚至会导致环境污染和生态危机。当代世界面临严峻的生态危机，因此需要加强人与自然之间的和谐关系，建构人与自然的生命共同体。恩格斯明确指出，如果人类不加限制地利用自然，就会遭到自然的惩罚和报复。因此，人与自然的物质交换过程是有限的而不是无限的。

一般来说，劳动的能力表现为创造财富的能力，这在经济学中被称为生产力。生产力越高，表明人类改造自然的能力越强，进而满足需要的能力也就越强。历史唯物主义认为，生产力是社会发展进步的决定性动力，这也就意味着劳动是推动人类社会发展的根本动力。生产力的本质就是人与自然之间的物质交换活动的程度。生产力越高，人与自然之间的物质交换程度也就越高，反之亦然。正是因为劳动，人与自然之间的物质交换过程成为可能，并因此与动物和自然界之间的物质交换方式完全不同。

第四节　劳动是人类自由和解放的实现形式

马克思提出的共产主义是一种资本主义生产方式消亡之后的新的生产方式，即公有制的生产方式。按照历史唯物主义原理，生产方式包括生产力和生产关系。共产主义既包含新的生产力，也包含新的生产关系。这种使人类获得自由和解放的生产方式，最终落实在“自由自觉的劳动”这一生命实践活动之中。劳动总是在特定的生产关系中存在的，不存在脱离特定生产关系的劳动——原始社会的劳动、奴隶社会的劳动、封建社会的劳动、资本主义社会的劳动以及共产主义社会的劳动（社会主义是共产主义的初级阶段），这就使劳动具有了生产关系的属性，即劳动总是在特定的生产关系中的劳动。人类的自由和解放最终要落实在生产关系的自由和解放上，而生产关系的自由和解放要落实在劳动的自由和解放上。在这个意义上，劳动是人类自由和解放的实现形式。

一、劳动的生产关系属性

劳动和生产关系的关系，大概可以理解为劳动内容和劳动形式之间的关系。劳动是生产力的实现形式，而生产关系是生产劳动中形成的关系。劳动作为陌生的活动有很多属性，然而在共同体当中，在特定的生产关系当中，则生产关系构成了劳动性质的最根本的规定。劳动作为人与自然之间的物质变换关系来说，不存在生产关系的问题。但是，社会关系中劳动的分工、劳动产品的分配、劳动产品的消费等都与生产关系有直接的关系，因而劳动就具有各种生产关系的属性：首先是劳动的分工属性，其次是劳动的分配属性，最后是劳动产品的消费属性。

劳动总是在分工中完成的。在最高级次上，一般把劳动分为脑力劳动和体力劳动，马克思有时候也把劳动分为简单劳动和复杂劳动。分工最初是自然形成的。马克思在《德意志意识形态》中专门论述了分工的问题。马克思的总体观点是，在资本主义私有制下，分工是被迫的，因为这种分工把人固定在某一行业中而使人失去了自由。因此，这种分工中劳动就是被迫的而不是自由自觉的。所以，马克思得出的结论是：必须消灭分工。

劳动创造物质生活资料，但是人们生活需要包括吃穿住等各方面的物质资料，一个人的生活不可能完全通过自己的劳动来完成。而且，即便生产同一种产品的时候，也包含很多劳动环节，单独依靠某一个人也无法完成。因此，劳动必然需要以不同角色形成的“合作”才能实现其目标，这就形成了不同产品的不同行业的分工。然而，在私有制下，分工是被迫的，因为无产阶级工人只能靠出卖自己的劳动力为生，否则就无法生存。工人和资本家的分工中，工人是被迫的，是为了谋生不得已而为之的行为。表面看，工人向资本家出卖劳动力是“自由交换”，仿佛一个愿意买，一个愿意卖，但实质不然，因为工人不出卖劳动力就无法生存。因此，这种分工是一种“异己力量”，是不以人的意志为转移的客观强制力量。为此，马克思曾经畅想分工消灭的情形：在共产主义社会里，任何人都没有特殊的活动范围，而是都可以在任何部门内发展，社会调节着整个生产，因而使我们有可能随自己的兴趣今天干这事、明天干那事，上午打猎、下午捕鱼、傍晚从事畜牧、晚饭后从事批判，这样就不会使我老是一个猎人、渔夫、牧人或批判者。[①] 只有在这种自愿的分工中，劳动才是自由的。所以，马克思指出，消灭分工不是分工不存在了，而是说这种分工是自由自觉的分工，是人支配分工而不是分工支配人。

同时，劳动具有分配属性。在私有制下，劳动产品归资本家占有和支配，工人所获得的工资只是工人创造的价值的一小部分，价值的大部分作为“剩余价值”被资本家所占有。工资部分的利润仅仅是资本家为了工人养家糊口的生活费用，除此之外没有剩余。这样，对于工人来说，他的劳动仅仅是满足自己生存需要的手段，即马克思所说的“仅仅是谋生手段”，除此之外没有任何意义。表面看，仿佛工人生产创造的价值以“工资”的形式分配给了工人，但实质并非如此。工人创造的财富大部分是剩余价值，马克思在《资本论》中专门揭示了资本家剥削工人的秘密，并批判了这种分配的不合理的地方。

在马克思看来，劳动产品应该归全体社会成员所“共同占有”而不是“私有”。这就出现了资本主义私有制内在固有的矛盾，即生产的社会

---

① 马克思恩格斯文集：第 1 卷［M］. 北京：人民出版社，1995：537.

化和私人的占有之间的矛盾。这一矛盾在现实中的表现就是“经济危机”。马克思认为，资本家尽可能榨取工人创造的剩余价值，导致工人在超出基本的生活资料以外，没有任何购买能力，因而资本家工厂所生产的产品无法销售。而产品无法销售，就不能完成“G-W-G’”这一资本总公式的意图，因而生产停滞，经济危机爆发。所以，为了消除这一周期性的经济危机，马克思提出消灭私有制，实现产品的社会普遍占有。

生产关系是使劳动成为自由自觉的劳动的社会保障。建构理想的生产关系一直是马克思的理想，公有制的生产关系就是共产主义的前提。正如马克思所说的，人的普遍性是通过对物的普遍占有的形式表现出来的，因而社会关系就是人的普遍性的集中体现，也是人的普遍性在现实中的直接表现。人的普遍性是通过物的普遍性表现出来的，而不仅仅是头脑里的观念。马克思之所以提倡唯物主义，是希望借助于“物的普遍占有”的方式在现实中确立符合人的本性的生产关系，即人的普遍性的占有。因此，马克思提出，共产主义社会是本质的复归。

二、资本主义私有制下的“异化劳动”

马克思在《1844年经济学哲学手稿》中集中分析了“异化劳动”。“异化劳动”无疑也是一种劳动，但是仅仅是一种“异化”了的劳动。按照哲学的基本原理，一个事物如果失去了它的“本质”，则该事物就等于不存在了。而如果说人的本质是“自由自觉的劳动”，那么，如果劳动不能成为人的自由的实现方式，那就意味着这种劳动已经不再是人的本质了。

“异化”的实质就是“去本质化”。马克思认为，在资本主义私有制下，由于分工出现了资本家和工人的对立。工人创造的劳动产品归资本家无偿占有，资本家占有了工人的劳动，这就是资本的本质。因此，马克思指出，劳动是资本家的“活资本”，而资本是工人的“死劳动”。在这种情况下，劳动给工人带来的是“痛苦”。工人越是劳动，他们就越感到痛苦。而且，劳动仅仅变成了工人“谋生的手段”，而这种仅仅成为谋生手段的劳动，在最深层次上破坏了人的“类本质”。

马克思认为，人是“类存在”，也就是普遍性的存在者。但是，这种“类存在”在“异化劳动”中消失了，以至于人仅仅变成了动物的“种存在”了。马克思认为，劳动本来应该是人的“类本质”的确证，而现实则相反，恰恰是劳动使人失去了“类本质”。而一旦失去“类本质”就意味着人已经不是作为“人”而存在的了。由此可见，“异化劳动”使劳动成为“非劳动”，进而使人成为“非人”。因此，马克思提出了废除资本主义私有制的主张，要求重新把人的本质还给人，把劳动的本质还给劳动，这就是共产主义的根本诉求。

“异化劳动”首先是指工人所创造的产品不归工人占有，而且产品成了对工人来说的“异己力量”。其次表现为劳动中，工人和资本家之间是“物”的关系而非“人”的关系。工人不能占有自己的产品，是因为工人不能自由地掌控自己的劳动，却被资本家所掌控，因而这种劳动关系对工人来说同样是“异己力量”。最后是人与人的“类本质”的分离。人类作为有意识的存在者原本具有普遍性，但在这种劳动中丧失了人的一切普遍性，仅仅变成了动物式的生存。

三、劳动成为“生活的第一需要”

马克思在《哥达纲领批判》中提出了关于共产主义的著名论断：在共产主义社会高级阶段，在迫使个人奴隶般地服从分工的情形已经消失，从而脑力劳动和体力劳动的对立也随之消失之后；在劳动已经不仅仅是谋生的手段，而且本身成了生活的第一需要之后；在随着个人的全面发展，他们的生产力也增长起来，而集体财富的一切源泉都充分涌流之后——只有在那个时候，才能完全超出资产阶级权利的狭隘眼界，社会才能在自己的旗帜上写上：各尽所能，按需分配！① 这是理解马克思主义劳动观的最为重要的经典文献。其核心要义在于理解什么是“生活的第一需要”。

需要强调说明的是，这里所说的“生活的第一需要”不是指吃穿住等物质生活资料的创造活动。对于人来说，什么是“第一需要”呢？“第一需要”就是最根本的需要，也就是“使人成为人”的需要。这就是说，劳动应该是“人之为人”的实现活动。因此，如果劳动仅仅是为人的生存提供物质生活资料，这仅仅表明劳动是自然生命的需要，而没有表明劳动是人的精神生命的需要。前文提出人的生命是由自然生命和精神生命构成的，前者是人与动物共同具有的，因而不能算作人与动物的区别，而只有精神生命才是人所特有的，因此与动物区别开来。由此可以推断：劳动一定是人类精神生命的存在方式，否则，这种劳动就仅仅是“谋生手段”。而只有作为精神生命存在方式的劳动，才是马克思所说的“生活的第一需要”。

那么，这种劳动如果不是“异化劳动”，就应该成为“自由自觉的劳动”，这就是共产主义高级阶段劳动的本性。自由自觉的劳动，首先需要废除私有制，建立公有制。这是自由自觉劳动的前提。公有制就是消除了私人占有所导致的社会矛盾，使社会生产摆脱私人占有的局限性。公有制为自由自觉的劳动提供了前提——制度能够把生产关系固定下来，从而为每个个体成为全面自由发展的人提供了可能性。

进一步说，这种劳动已经是消除了分工，即那种分工已经不是自然形成的具有强制性的分工，而是人根据自己的天赋、特长和爱好的自由选择的产物。正如马克思所说的，迫使人们奴隶般地服从分工的情形消失，才有人的自由，这实质就是分工上的自由。尤其是体力劳动和脑力劳动的分工彻底消除，构成了劳动自由的重要内容。自然形成的分工具

① 马克思恩格斯文集：第 3 卷［M］. 北京：人民出版社，1995：435-436.

有强迫性，把人固定在某一领域，这是劳动不能自由的重要原因。因而马克思提出必须要消灭分工。

同时，在共产主义社会，也不会因为分工而导致个人需要的那部分社会产品数量的差异，而是按需分配。在马克思看来，社会主义社会是共产主义社会的初级阶段，因而还允许采用按劳分配的方式。但是，马克思明确指出，按劳分配仍然不是最好的分配方式，因为人的先天禀赋、社会身份、家庭出身、教育背景等都存在着差别。由于这些天赋的差别而导致个人收入上的差距，这显然是不公平的。因此，马克思提出按需分配的设想。当然，按需分配并不是无限满足人类过度膨胀的欲望，而是在公有制的前提下，节制私欲的情况下，才能实现的一种理想的分配方式。这种分配方式是人类劳动自由的又一项重大内容。

这种劳动是劳动者自己的本质的实现过程，即在劳动中建立了人与人之间的公平正义的社会关系。一种劳动如果是自由自觉的，就必须建立一种符合正义的生产关系。人与人之间的关系如果仅仅是物质利益的交换关系，彼此双方付出的劳动就变成了利益交换的关系，因而这种劳动同样也是不自由的。反之，如果建立了正义的社会关系，劳动就变成了人与人之间的“人”的关系，而不再是马克思所说的“赤裸裸的交换关系”。当废除了这种剥削关系，这种生产关系才形成了“真正的共同体”，进而消灭以往全部阶级斗争的历史。

劳动如果是自由的，就必须要与自己的精神境界以及知识技能、兴趣爱好等相一致。一个不具有音乐天赋的人从事音乐劳动，是不会有快乐的；一个不愿意思考的人从事科学研究，同样也是不快乐的，因而这项事业对于他们来说也就变成了“异化劳动”而不是“自由自觉的劳动”。这就需要劳动者心怀高尚的情怀、智慧以及审美判断力，从而把自己的劳动产品作为自己欣赏和审美的对象，此时劳动才能够是“自由自觉的劳动”。

总之，以上几个方面构成了“自由自觉的劳动”的基本条件，也就是马克思所说的“生活的第一需要”的劳动。对于人来说，没有什么比“作为人并成为人”更加重要的事情了。劳动是人的尊严的体现，而不是私有制下没有尊严的谋生活动。“自由自觉的劳动”构成了历史唯物主义劳动观的终极性规定。

思考题：

1. 马克思是怎样批判资本主义私有制下的“异化劳动”的？
2. 怎样理解劳动创造了人本身？
3. 怎样理解在共产主义高级阶段，劳动成为“生活的第一需要”？

第二章　劳动教育

劳动教育是中国特色社会主义教育制度的重要内容，直接决定社会主义建设者和接班人的劳动精神面貌、劳动价值取向和劳动技能水平。马克思指出：未来教育对所有已满一定年龄的儿童来说，就是生产劳动与智育和体育相结合，它不仅是提高社会生产的一种方法，而且是造就全面发展的人的唯一方法。2020 年 3 月，中共中央、国务院印发《关于全面加强新时代大中小学劳动教育的意见》（以下简称《意见》），提出把劳动教育纳入人才培养全过程，贯通大中小学各学段，贯穿家庭、学校、社会各方面，与德育、智育、体育、美育相融合，紧密结合经济社会发展变化和学生生活实际，积极探索具有中国特色的劳动教育模式，创新体制机制，注重教育实效，实现知行合一，促进学生形成正确的世界观、人生观、价值观。引导当代大学生树立正确劳动观，培养德智体美劳全面发展的社会主义建设者，具有十分重大的现实意义和深远的历史意义。

第一节　劳动教育的内涵和特征

尊重劳动、倡导劳动、保护劳动，是社会主义先进性、优越性的显著标志和前提条件，对劳动教育的思考应始于对劳动最初定义的探究。《教育大辞典》指出：劳动是劳动力的使用和消费，是人以自身活动来引起、调整、控制人和自然之间的物质变换的过程。《现代汉语词典》（第

7 版）解释劳动的内涵：一是人类创造物质或精神财富的活动，二是专指体力劳动，三是进行体力劳动。劳动首先是人和自然之间的过程……当他通过这种运动作用于他身外的自然并改变自然时，也就改变他自身的自然。他使自身的自然中沉睡着的潜力发挥出来，并且使这种力的活动受他自己控制。[①] 劳动是人类活动的一种特殊形式。在商品生产体系中，劳动是劳动力的支出和使用，劳动是发生在人与自然界之间的活动。

纵观人类发展历史，劳动创造了人本身，也推动着社会发展走向更美好的未来。正如马克思所言：任何一个民族，如果停止劳动，不用说一年，就是几个星期，也要灭亡。[②] 社会主义是干出来的，新时代是奋斗出来的。全面加强新时代大中小学劳动教育，系统构建德智体美劳全面培养的教育体系，使劳动成为青少年全面发展最鲜亮的底色，是确保党的事业始终能够沿着社会主义方向前进的必然要求。

一、劳动教育的概念

“培养什么人、怎样培养人、为谁培养人”，这是教育工作的根本问题。中国特色社会主义教育事业决定了我们要围绕“培养社会主义建设者和接班人”这一根本任务下功夫、做文章。在 2018 年的全国教育大会上，习近平总书记明确指出，把劳动教育纳入社会主义建设者和接班人的总体要求，构建德智体美劳全面培养的教育体系。《意见》中明确指出：劳动教育是国民教育体系的重要内容，是学生成长的必要途径，具有树德、增智、强体、育美的综合育人价值。实施劳动教育重点是在系统的文化知识学习之外，有目的、有计划地组织学生参加日常生活劳动、生产劳动和服务性劳动，让学生动手实践、出力流汗，接受锻炼、磨炼意志，培养学生正确的劳动价值观和良好的劳动品质。

① 马克思恩格斯全集：第 23 卷［M］. 北京：人民出版社，1972：201.
② 马克思恩格斯选集：第 4 卷［M］. 北京：人民出版社，1995：368.

（一）将劳动教育主要视为德育的内容

根据《辞海》中对劳动教育的定义，劳动教育是德育的内容之一。《中国大百科全书·教育》中将劳动教育定义为使学生树立正确的劳动观点和劳动态度，热爱劳动和劳动人民，养成劳动习惯的教育，是德育的重要组成部分之一。这两个定义均强调劳动教育的德育属性，直接将劳动教育定义为德育的一部分，侧重培养热爱劳动和劳动人民的情感，树立正确劳动观念和态度，把劳动习惯和技能的教育看作日常生活培养的结果，并不突出劳动教育的智育价值。

（二）将劳动教育主要视为智育的内容

《教师百科辞典》中对劳动教育的定义是，劳动教育就是向受教育者传播现代生产的基本知识和技能，培养他们具有正确的劳动观点、劳动习惯和热爱劳动人民、劳动成果的感情。劳动教育十分重视劳动过程中的智力因素，把平凡的劳动同创造性劳动结合起来，把简单的劳动与富有知识的劳动结合起来。强调劳动教育的智育属性，将劳动教育的主要价值定位为传播现代生产基本知识和技能，提高社会劳动生产的智力水平。

（三）将劳动教育视为促进学生全面发展的实践教育形式

劳动教育的本质含义是指通过参加劳动实践活动而进行的一种有目的、有计划、有组织地培养受教育者多种素质的教育活动，是融德育、智育、体育、美育于一体的全面提高学生素质的综合性教育。苏霍姆林斯基认为："劳动教育是对年轻一代参加社会生产的实际训练，同时也是德育、智育和美育的重要因素"，其劳动教育的理想追求是"使每一个人早在少年时期和青年早期就能领悟到劳动能使他的自然天赋更全面、更明显地发挥出来，劳动会带给他精神创造的幸福"。可见，劳动教育是一种让学生参加社会生产实际训练的形式，通过这一形式渗入德育、智育和美育，全面发挥青少年的自然天赋。

二、新时代劳动教育的新内涵

劳动教育是一个动态、发展的概念，其内涵随着时代的变化而不断丰富、发展和完善，这是劳动改变生活、生产力，促进人类社会不断向前发展带来的历史变革的生动写照。

新时代高校劳动教育是高等教育人才培养体系的重要组成部分，是顺应新时代劳动发展趋势，对大学生进行系统的劳动思想教育、劳动技能培育与劳动实践锻炼，全面提高大学生劳动素养的过程。新时代高校劳动教育的目的是引导新时代大学生在劳动创造中追求幸福感、获得创新灵感，培养具有社会责任感、创新精神和实践能力的高级专门人才。

（一）体现了社会主义办学方向

马克思主义认为，劳动创造了世界，劳动创造了历史，劳动创造了人本身。新时代劳动教育是社会主义教育的重要内容，是我国教育体系不可缺少的一部分，是学校教育教学工作的重要一环。针对当前一些青少年不珍惜劳动成果、不想劳动、不会劳动，劳动教育正在被软化、弱化的现象，《意见》明确了劳动教育的定位，指出“劳动教育是中国特色社会主义教育制度的重要内容”，要“以习近平新时代中国特色社会主义思想为指导”，引导学生理解和形成马克思主义劳动观。

（二）坚持综合育人理念

新时代劳动教育立足于人的整体性，融合多学科知识，对人、社会和自然进行整合，将理论知识有机地融入现实社会，对学生健全人格发展起着重要作用。但是，一段时期以来，劳动的独特育人价值在一定程度上被忽视。《意见》充分肯定劳动教育“具有树德、增智、强体、育美的综合育人价值”，要求全党全社会必须高度重视，“坚持立德树人”“把劳动教育贯穿于人才培养的全过程”。

（三）强调教育与劳动相结合

教育与劳动相结合是马克思主义教育的基本思想，也是我国《教育法》规定的明确要求。然而，由于应试教育的惯性作用，教育与劳动分离，导致一些学生身心发展失衡，不能健康成长。因此，《意见》强调劳动教育重点是要让学生在系统的文化知识学习之外有目的、有计划地参加劳动实践，出力流汗，实现知行合一，获得身心全面发展。

（四）兼顾传统劳动和新型劳动

当今社会，劳动仍然是人类社会赖以生存和发展的基础。掌握必备的劳动知识和技能，树立正确的劳动观念，不仅有利于促进学生的全面发展，还有利于提升学生将来的生存能力和生活质量。另外，随着时代的发展，劳动的构成更加复杂多元，现代化、信息化、智能化的劳动内容不断增加。因此，《意见》强调要以日常生活劳动、生产劳动和服务性劳动为主，特别强调要“结合产业新业态、劳动新形态，注重选择新型服务性劳动的内容”。

（五）关注劳动素养的培养

传统劳动教育主要侧重教授学生与劳动有关的知识、技能、方法等，而忽视劳动价值观、劳动精神、劳动思维等更深层次素养的培养，容易导致“有劳动无教育”的现象，难以使学生养成终身热爱劳动、尊重劳动的良好品质。新时代劳动教育突破传统劳动教育局限，着眼于学生的终身幸福和全面发展，以培养学生劳动素养为核心，对“劳动精神面貌、劳动价值取向和劳动技能水平”进行全面建构。

三、劳动教育的特征

劳动教育作为提升学生劳动素养的方式，促进学生全面发展的教育活动，其有如下基本特征。

（一）本质自然性

劳动是生命存在的标志。为了吃饭就必须劳动，这是普遍的自然规律。[①] 马克思的这句话揭示了劳动的本质属性，即：劳动是人类存在的形式、路径与意义所在，人类因有目的的劳动成就自身，同时因为有价值的劳动改造社会、促进社会、发展社会。为了存活，劳动是自然的，劳动教育也就是自然的，而且应当是一种由内而外、充溢于天地间的自然自觉。所以，本质自然性是劳动教育首要的特征。这一特征从本源上决定了劳动教育在人的全面发展过程中的根基性，证明了劳动教育作为学科结构的有机组成对于人的全面发展的不可或缺性。

（二）目标改造性

改造社会是马克思对“教育与生产劳动相结合”的意义认证之一。劳动者素质对一个国家、一个民族发展至关重要。劳动者的知识和才能积累越多，创造能力就越大。提高包括广大劳动者在内的全民族文明素质，是民族发展的长远大计。[②] 基于时代的道德焦虑，人们期望通过劳动教育思考人类的存在、反思人性的养成。所以，劳动教育包括劳动知识和技能的获得，而且更强调道德习成，这种道德习成是受教育者的学习力与劳动的道德性的相遇、相知与相互作用，是一种影响和浸染，是在环境中的提升、氛围中的再造。小行动改造大观念，当今社会劳动观念的缺失与道德信念的混乱都需要借力劳动教育，从人类发展的根源上进行厘清、纠偏、教育、改造，如此，人性才得以整全、鲜活，社会才得以有序、健康。

（三）概念发展性

一部人类发展史，实际上就是人类改造自然的劳动发展史。在人类

① 马克思恩格斯全集：第 16 卷［M］. 北京：人民出版社，1975：216.

② 习近平. 在庆祝“五一”国际劳动节暨表彰全国劳动模范和先进工作者大会上的讲话［EB/OL］. http：//news. xinhuanet. com/politics/2015-04/28/c_ 1115120734. htm.

发展过程中，劳动从其原始形态逐渐过渡到现代形态。即使是在劳动高度机械化、智能化的将来，形似简单的劳动也不是以往的简单劳动的回归，而是一种更深意义上的复杂劳动。时代的发展不断改变着劳动结构，劳动结构的变化又不断更新着人们对劳动教育的理解与期待，劳动教育的概念就这样被不断发展、不断丰富。所以，不能再单纯地理解劳动教育，而是要在一个变迁、转型、过渡的意义上去理解今天的劳动和劳动教育，它是发展的，同时也是复杂的，发展中产生复杂，复杂中孕育发展。

（四）内涵统领性

人世间的一切成就、一切幸福都源于劳动和创造。[①] 劳动是存在方式，也是社会氛围，更是精神传承。劳动教育在学校教育中虽然不占核心位置，更不能提供认识社会的整全知识，但在人的全面发展过程中却具有统领意义。内涵的统领性，关键不在于内容，而在于意义。统领性要求将“劳动”这一理念巧妙地“嵌入”各学科教学中，教师的教与学生的学都具备一种在场的“劳动性”，这种在场的“劳动性”可以给予人们对劳动更真实的触及和更宽泛意义上的体验。解读的关键不在于认识的正确而在于洞察的深度，如果能领会到整个教育过程中满溢的这种在场的“劳动性”，即从纯粹的“劳动力”认知走向充溢的“劳动性”体验，便能更深入地解读“劳动”与“劳动教育”，帮助人们在劳动中发现自己、发展自己、完善自己。

（五）执行适度性

适度，可以梳理出美妙的格局和美丽的秩序。那种“只要是劳动必然就好”的看法，是一种错误的道德说教。健康的劳动教育必须也必然是适度的。适度暗示着一个目的，只有分析清了适度的目标，才能明确

① 习近平．六一寄语全国各族少年儿童［EB/OL］．http：//news. xinhuanet. com/politics/2015-06/01/c_ 1115476644. htm.

地界定它。这里的适度可以理解为阶段性，还可以理解为安全性，既指不同的教育阶段有不同的劳动教育任务，亦指劳动教育的内容要符合受教育者身心发展特点。所以，要根据学生年龄特征、性别差异、身体状况等特点，选择合适的劳动项目和内容，安排适度的劳动时间和强度，做好劳动保护，确保学生人身安全。

（六）价值导向性

劳动是人类创造财富的唯一途径，人类因这些财富得以生存、发展、壮大，这一点应该被全人类铭记。劳动的价值、意义应该被代代相传，而不是出现断层。不劳而获、一夜暴富的思想源于对劳动的无视与轻视，是劳动意识整体失落的集中体现，劳动意识淡薄、劳动能力下降、劳动素质不高等一系列社会问题都是它的“蝴蝶效应”。新时期劳动教育是一种聚焦、一种提醒，更是一种价值召唤：以劳动教育唤起劳动意识，以劳动意识培养劳动习惯，以劳动习惯提高劳动能力，以劳动能力增强劳动素质，这种价值召唤对于民族自尊、民族自信、民族自豪都是一种严肃的重塑，对实现中华民族伟大复兴的中国梦具有重要意义。

（七）评价自发性

在参与中感知评价，以最直接的方式获得最接近真实的评价，反思、调整、适应，再反思、再调整、再适应，这种评价的自发性可以帮助个体获得不一样的评价体验。与其他教育实践不同，劳动教育的场所就是自我评价的场所。在参与劳动的过程中，受教育者获得的直接体验会让他们对自然、他人、社会、国家等一切个体之外的认知有更真切的评价，即对自身的中肯评判和对社会的整全认识。劳动教育正是借助评价自发性这一特征，实现个体对自我、对社会、对世界最为客观的认识、理解与共情。

第二节 劳动教育的使命和重要意义

2020年3月，中共中央、国务院印发的《关于全面加强新时代大中小学劳动教育的意见》中明确指出：劳动教育是国民教育体系的重要内容，是学生成长的必要途径，具有树德、增智、强体、育美的综合育人价值。并且指出总体目标是：通过劳动教育，使学生能够理解和形成马克思主义劳动观，牢固树立劳动最光荣、劳动最崇高、劳动最伟大、劳动最美丽的观念；体会劳动创造美好生活，体认劳动不分贵贱，热爱劳动，尊重普通劳动者，培养勤俭、奋斗、创新、奉献的劳动精神；具备满足生存发展需要的基本劳动能力，形成良好劳动习惯。强调劳动教育的重点在于：实施劳动教育重点是在系统的文化知识学习之外，有目的、有计划地组织学生参加日常生活劳动、生产劳动和服务性劳动，让学生动手实践、出力流汗，接受锻炼、磨炼意志，培养学生正确的劳动价值观和良好的劳动品质。这一系列的表述，充分彰显了劳动教育的时代使命和现实必要性。

一、劳动教育的使命和任务

劳动教育是中国特色社会主义教育的显著优势，是扎根中国大地办教育的本质要求。长期以来，各地区和学校坚持教育与生产劳动相结合，在实践育人方面取得了一定成效。同时也要看到，近年来一些青少年中出现了不珍惜劳动成果、不想劳动、不会劳动的现象，劳动的独特育人价值在一定程度上被忽视，劳动教育正被淡化、弱化。对此，全党全社会必须高度重视，勇担新时代劳动教育的历史使命，采取有效措施切实加强劳动教育。

在我国，新时代劳动教育是中华人民共和国成立以来重要教育方针、教育内容和教育目的的继承与发展。1957 年，劳动教育成为重要的教育方针，与德育、智育、体育辩证结合，旨在培养有社会主义觉悟和有文化的劳动者。改革开放后，劳动教育以培养自由全面发展的人为目的，展现其在现实关系中多面向、多层次的辩证关系，极大地丰富、发展了劳动教育理论。当前，在步入后工业社会的信息化、数字化时代后，劳动教育的内涵和形式有迅猛的变化和发展，亟待重新认识劳动教育的主体、内涵、形式、效应，积极对话人工智能教育、生态教育，正确认识德智体美劳“五育”之间的辩证关系。

新时代劳动教育承载着建设新时代教育发展道路的重要使命。2018 年全国教育大会明确提出，新时代劳动教育必须坚持中国特色社会主义教育发展道路，培养德智体美劳全面发展的社会主义建设者和接班人。要弘扬劳动精神，教育引导学生崇尚劳动、尊重劳动，懂得劳动最光荣、劳动最崇高、劳动最伟大、劳动最美丽的道理，长大后能够辛勤劳动、诚实劳动、创造性劳动。新时代劳动教育在当今“应试教育”主导下劳动教育“沙漠化”的背景下，吸取西方发达国家采取新自由主义和福利国家策略导致劳动教育缺失的经验和教训，根据新时代中国特色社会主义教育发展的实际需要，重视并推动劳动教育，唤醒劳动热忱，是塑造劳动文化和劳动精神的必然要求。

消解劳动教育“异化”是新时代劳动教育的紧迫任务。在新时代，虽然经济、社会和文化的发展为劳动教育的发展创造了有利条件，而且劳动教育在本质上具有消解体力劳动与脑力劳动二元对立的能力，但是，新时代劳动教育仍主要出现两方面的“异化”。一方面是体力劳动教育中身体的“异化”，没有认识到在哲学、心理学、认知神经科学等领域对身心融合关系的研究获得重大突破的时代背景下，劳动教育的“外在化”“规训化”“去身体化”“去自然化”等问题忽视了身心统一，以及身体在创造亲知知识、个人知识、实践智慧、道德品质等方面独特而巨大的作用；另一方面是脑力劳动教育中精神的“异化”，轻视信息化、数字化时代对脑力劳动提出的更新更高的要求，忽视探究新时代劳动教育的物化、“时空异化”“自我异化”和“社会异化”等问题，拒斥劳动及其教育的精神属性、文化属性和交往特性，以及劳动过程中劳动人民创造的大众文化的价值和新时代数字文化创意的意义。

科学认识和发展新时代劳动教育必须要继续坚持马克思及现当代马克思主义的唯物辩证法，根据新时代物质生产和生活的主要矛盾，尤其是作为第一生产力的科学技术带来的社会主要矛盾的时代变化，客观地、深入现实地认识和把握劳动教育的变化和发展，探究劳动教育如何创造并实现生态文明、物质文明、精神文明和社会文明的现实、历史和具体的统一。

二、加强劳动教育的重要意义

新时代党和国家高度重视劳动教育，把劳动教育纳入人才培养全过程，着力培养德智体美劳全面发展的社会主义建设者和接班人，积极引导大中小学生做有理想、有本领、有担当的时代新人，科学地回答了教育要“培养什么人”“怎样培养人”“为谁培养人”的根本问题，丰富了新时代中国特色社会主义教育目标体系，是深化教育改革、转变育人方式的重大举措。

（一）培养有崇高理想的时代新人

新时代劳动教育作为落实立德树人根本任务的有效载体，寓理想教育于劳动实践中，引导学生通过劳动实践认清劳动的本质、理解劳动的内涵，形成正确的世界观、人生观和价值观，增强社会责任感，将个人成长与国家发展相结合，把坚定马克思主义信念、树立共产主义远大理想和中国特色社会主义共同理想作为出发点和落脚点。《意见》明确指出，劳动教育要鼓励学生通过“动手实践、出力流汗，接受锻炼、磨炼意志”来形成正确的劳动价值观和良好的劳动品质，形成马克思主义劳动观。引导学生认可劳动、主动劳动。牢固树立劳动最光荣、劳动最崇高、劳动最伟大、劳动最美丽的观念；体会劳动创造美好生活，体认劳动不分贵贱，热爱劳动，尊重普通劳动者，培养勤俭、奋斗、创新、奉献的劳动精神。加强劳动精神、劳模精神、工匠精神熏陶，为学生提供依靠劳动实现远大理想和共同理想的价值典范。努力使学生在劳动实践中树立劳动意识、培养劳动情怀，养成热爱劳动、崇尚劳动、尊重普通劳动者的习惯，在劳动体验中涵养德行、升华人格，充分发挥其价值导向和综合育人功能。

（二）培养有专业本领的时代新人

伴随生产力的发展和社会的进步，社会分工日益细化，产业门类更加多元，劳动形态发生重大变革，劳动新业态、新样态日渐增多。时代的发展和劳动力结构的变化既为大中小学生施展才华、成长成才提供了广阔的空间，也对全面提高大中小学生的劳动素质提出了更高要求。

新时代劳动教育把劳动与建设中国特色社会主义相联系，深刻印证了“社会主义是干出来的，新时代也是干出来的”“实干才能兴邦”的道理。习近平总书记明确指出，劳动者素质对一个国家、一个民族发展至关重要。广大学生只有练就过硬本领，成为知识型、技能型、创新型的高素质劳动者，才能担当起社会主义建设重任。新时代劳动教育以提升学生劳动素养、促进学生全面发展为培养目标，强调以提升劳动者综合素质相关的知识、技能、思维等的学习，“强化诚实合法劳动意识，培养科学精神，提高创造性劳动能力”“着力提升学生综合素质，促进学生全面发展、健康成长”。做到学思用有机结合，提升本领能力，为将来走向社会、创造未来奠定基础。

（三）培养有责任担当的时代新人

依靠劳动为人类谋福利是马克思主义劳动观的重要思想。新时代承载新使命，新使命呼唤新担当。习近平总书记强调，要“培养担当民族复兴大任的时代新人”。在实现中华民族伟大复兴的新征程上，每位大中小学生都是书写者、创造者。《意见》为新时代劳动教育的实施描绘了蓝图，引导大中小学生理解、认同马克思主义劳动观和中国特色社会主义劳动教育实践，鼓励学生通过辛勤劳动、诚实劳动、创造性劳动以及职业体验和各种实习实训，在实践中学习，在担当中历练，在尽责中成长，强化使命担当，增强社会责任感和历史使命感。《意见》明确要求，要“把准劳动教育价值取向，引导学生树立正确的劳动观，崇尚劳动、尊重劳动，增强对劳动人民的感情，报效国家，奉献社会”“树立正确择业观，具有到艰苦地区和行业工作的奋斗精神，懂得空谈误国、实干兴邦的深刻道理”，做新时代的奋进者、开拓者和奉献者。

理解新时代、适应新时代，才能引领新时代。站在新的历史方位，精准把握新时代劳动教育的内涵、特征和价值，增强劳动教育的实效性，促进大中小学生在热爱劳动、尊重劳动的社会氛围中健康成长，是顺应时代发展变化的应然之举，是培养德智体美劳全面发展的社会主义建设者和接班人的应有之义。

第三节　新时代劳动教育的实施

劳动教育是厚植劳动情怀、汇聚艰苦奋斗正能量、引导青少年实践创新的重要途径，加强劳动教育势在必行。新时代劳动教育关键在于把握规律性、体现时代性、富于创造性，科学谋划、优化协调、精准高效、扎实推进。劳动教育政策作为指导劳动育人实践的依据，是深化劳动教育改革的助推器。

一、我国的劳动教育政策

劳动教育政策是指导劳动教育开展的纲领性文件，对劳动教育的实施具有重要的战略意义。新中国成立以来，我国劳动教育政策大致经历了促进工农业生产，服务思想改造，助力现代化建设和彰显个体价值等历史阶段。

（一）我国劳动教育政策的演变

70 多年来，在社会经济发展、政治稳定、文化繁荣的宏观背景下，我国劳动教育政策不断发展与完善，其发展历程大致可分为四个阶段：恢复与改造时期（1949—1956 年）、探索与曲折发展时期（1957—1977 年）、规整与改革深化时期（1978—1999 年）和特色发展与全新构建时期（2000 年至今）。

1. 恢复与改造时期（1949—1956 年）

新中国成立之初，为适应政治、经济和社会发展需要，改变“一穷二白”的状况，通过借鉴以苏联为主的国外经验和汲取老解放区经验，建设适应社会主义发展的新教育，劳动教育呈现出这一时期的时代特点。

劳动教育与生产劳动相结合。马克思主义认为教育与生产劳动相结合是促进人的全面发展的必然选择，“是造就全面发展的人的唯一办法”①。马克思主义高度肯定了教育与生产劳动相结合所具有的重要价值。我国一方面受马克思主义理论影响，另一方面因为中国革命和建设迫切需要具有合理知识结构的革命者与建设者，1950 年，中国教育工会第一次全国代表大会讨论了教育与生产劳动相结合的问题，对我国教育工作方针及目标提供了意见与建议，提出中小学教育中应突出劳动教育的重要地位。

劳动教育开设生产劳动课程。党和国家将劳动教育纳入课堂教学体系，以中小学开设生产技术课为主要形式。1950 年，教育部颁布《中学暂行教学计划（草案）》和《小学课程暂行标准（初稿）》，对课程进行具体安排。1952 年，《小学暂行规程（草案）》明确规定劳动课每天

---

① 马克思恩格斯选集：第 2 卷［M］. 北京：人民出版社，1994：212.

活动时间为30分钟左右。同年，教育部颁布《“四二”旧制小学暂行教学计划》规定：“小学的美工课包括图画、劳作等内容”，但劳动教育整体课程设计缺乏创新性，针对小学生教授的内容、专业性有待提升。1954年，《关于改进和发展中学教育的指示》指出，劳动课应与课堂教学相配合，体力劳动要与脑力劳动相结合。1955年9月，教育部颁布《小学教学计划》和《关于小学课外活动的规定》，明确小学1—6年级每周开设1节手工劳动课，使学生获得一些基本的生产知识，学会使用一些简单工具。[①] 1956年《关于普通学校实施基本生产技术教育的指示（草案）》要求，为了使普通教育工作和整个社会主义建设相适应，必须实施生产技术教育，对教育与生产劳动相结合的标准作了进一步规范。同年，教育部颁布《关于1956—1957学年度中小学实施生产技术教育的通知》，对各级各类学校的劳动技术课课时与具体目标都作了明确规定，突出了生产技术教育的重要性和课外活动的辅助性作用。

2. 探索与曲折发展时期（1957—1977年）

在党和国家教育与生产劳动结合方针的指导下，1956年，我国开始进入全面社会主义建设时期，教育事业发展迅速。据统计，1956年，我国有小学生6346.6万人、初中生438.1万人、高中生78.4万人，中等技术学校学生63.9万人。为了使教育事业适应社会主义建设对人才的需求，1957—1977年这一时期的劳动教育是不断探索、曲折发展的。

劳动教育服务于思想改造的阶段目标。1957年，毛泽东在谈到教育与生产劳动的关系时强调，教育必须为无产阶级政治服务，必须与生产劳动相结合。[②] 1958年，中共中央、国务院印发《关于教育工作的指示》，针对教育上脱离生产劳动、脱离实际，忽视政治、忽视党的领导的错误，强调了党的教育工作方针是“教育为无产阶级的政治服务”。由

① 中国教育年鉴编辑部．中国教育年鉴（1949—1981）［M］．北京：中国大百科全书出版社，1984：466.

② 毛泽东．毛主席论教育革命［M］．北京：人民出版社，1967：11.

此，教育与生产劳动相结合成为教育工作的根本方针。1966 年，《关于抓革命、促生产的十条规定（草案）》指出，组织青少年上山下乡，加强思想政治教育。① 这一时期的劳动教育政策的核心要旨是消灭一切剥削阶级残余，使劳动教育带有思想政治教育的特点，成为阶级改造的政治手段，劳动教育政策为思想改造服务被提到前所未有的高度。

劳动教育列入正式课程与提倡勤工俭学。一是劳动教育纳入正式课程。1957 年，中共中央颁布《关于加强中小学毕业生劳动生产教育的通知》和《关于 1957—1958 学年度中学教学计划的通知》，正式提出应通过课堂教学开展劳动教育。《关于教育工作的指示》要求一切学校必须把生产劳动列入正式课程，每一个学生必须依照规定参加一定时间的劳动。1958 年《关于 1958—1959 学年度中学教学计划的通知》应运而出，对初中、高中劳动教育的每周课时、具体内容作了细致的规定。随着这个教学计划的颁布与实施，确立了劳动技术课在我国基础教育课程史上的正式地位。1960 年以后，国家相继出台一系列教育政策、方针和法律，如《教育部直属高等学校暂行工作条例（草案）》（1961）、《全日制中学暂行工作条例（草案）》（1963）、《全日制小学暂行工作条例（草案）》（1963）等，都详细规定各年级学生参加生产劳动的目的、时间及实践方式等，都强调生产劳动课在学校教学计划的重要作用。二是勤工俭学活动的兴起。1958 年 1 月，《人民日报》发表社论指出，为国家节约开支的最好办法就是勤工俭学，使学生以自己的劳动收入解决自己全部或一部分学习和生活的费用。1 月 28 日，共青团中央出台相应文件，并通知各地教育行政部门认真贯彻落实共青团中央的决定，各地各校因地制宜，结合实际情况开展勤工俭学运动，通过在学校、车间、农场、作坊、实践基地等从事生产劳动，树立以生产劳动为荣的思想，使学生具备参加

① 何东昌．中华人民共和国重要教育文献（1949—1975）［M］．海口：海南出版社，1998：1400.

生产劳动的能力。勤工俭学活动不仅为开展劳动教育奠定了社会基础，亦成为建设社会主义的重要途径。

3. 规整与改革深化时期（1978—1999年）

1978年，党的十一届三中全会召开，党和国家将工作重心转移到社会主义现代化建设上来，开始强调知识、人才的重要性，发展教育事业也由此成为国家的工作重点。

劳动教育为社会主义现代化服务。1978年，邓小平在全国教育工作会议上提出，教育质量和教育效率是促进经济和技术现代化的重要保障，“劳动教育必须同国民经济发展要求相适应。为了把劳动教育课开好，1982年，《关于普通中学开设劳动技术教育课的试行意见》指出，“开设劳动技术课是社会主义现代化建设的需要”，彰显了劳动教育技术课在社会主义现代化建设中的地位。1985年，《关于教育体制改革的决定》正式开始了中国特色社会主义教育改革发展征程，其中再次强调了教育必须为社会主义建设服务的目的，要求从多方面完善劳动教育政策。其后，《全日制普通中学开设劳动技术课教学大纲（试行稿）》颁布，该法案不仅明确了劳动教育目的，同时也有利于各级各类学校探索与生产劳动相结合的方式，为培育社会主义建设四化新人大有助益。

进入20世纪90年代，我国进行市场经济改革，劳动教育政策进一步强调服务社会主义现代化目标。1993年，国务院颁布《中国教育改革和发展纲要》（以下简称《改革纲要》），再次强调劳动教育为社会主义现代化服务的目标，并要求各级政府大力办好劳动教育。1995年，《中华人民共和国教育法》将“教育必须与社会主义现代化建设、与生产劳动和社会实践相结合”正式载入法律确认的教育方针。可见，这一时期的劳动教育政策由服务思想改造的阶段目标转轨为培养四化建设人才，这一变化可以看作劳动教育政策即将转变的信号。

劳动教育开设劳动技术课。现代经济技术的发展，需要适时调整劳动教育的内容，以适应经济、社会发展的需求。1981 年，教育部颁布《全日制六年制重点中学教学计划（试行草案）》规定将劳动课改为“劳动技术课”。1982 年，教育部颁发《关于普通中学开设劳动技术教育课的试行意见》，对劳动技术课的目的、培养目标、教学计划、原则、考核标准和意义等作了明确要求。由此，劳动教育的内涵不断丰富，获得了长足发展，劳动教育在该形势下逐步完善其内容。1987 年，《全日制普通中学开设劳动技术课教学大纲（试行稿）》对初中及高中每天、每学年课时数作了相关规定。此后颁布的《全日制小学劳动课教学大纲试行草案》（1987）、《义务教育全日制小学、初级中学教学计划（试行草案）》（1988）、《现行普通高中教学计划的调整意见》（1990），均“强调学生参加劳动和社会实践的时间应纳入教学计划之中，要不断制度化、规范化”。

1998 年，教育部颁布了《关于加强普通中学劳动技术教育管理的若干意见》（以下简称《劳技意见》），强调各级党委和政府要充分认识到劳动教育的重要性，对师资队伍建设提出明确要求，各级督导部门将劳动教育技术纳入评估指标体系，把对劳动教育政策课程的要求提高到战略性层次，劳动教育政策实施逐步推进。

劳动教育关注学生综合素质培养。1993 年，《改革纲要》提出，中小学要把劳动教育列入教学计划……劳动教育的内涵从为日常生活服务逐渐向关注学生综合素质培养转变。1995 年，《关于正式颁布中学德育大纲的通知》明确劳动教育成为德育的主要内容与重要途径。1998 年，《劳技意见》指出，劳动教育在素质教育中占据重要地位，并将其纳入素质教育范畴。次年，中共中央、国务院出台《关于深化教育改革，全面推进素质教育的决定》，这是把我国劳动教育政策推向 21 世纪、开拓劳动教育新局面的一项计划，旨在强调素质教育的重要性，加强劳动技术教育与其他教育交互融合、协调发展，培养出适应新世纪的劳动人才。

4. 特色发展与全新构建时期（2000 年至今）

21 世纪肇始，为了适应新时期新挑战，满足人民对教育的热切期盼，顺应社会发展与科技进步的大趋势，培养不同类型的高素质人才尤为重要。

劳动教育关注学生全面发展。2001 年，教育部出台《基础教育课程改革发展纲要（试行）》（以下简称《发展纲要》）等一系列政策文件，我国开始了新一轮的基础教育改革。此后国家不断深化教育改革的目标和内容，标志着劳动教育在新世纪获得了新的活力，促进人全面发展的教育目的多次得以彰显。2010 年《国家中长期教育改革和发展规划纲要（2010—2020 年）》出台，明确提出加强劳动教育是坚持以人为本、全面实施素质教育是教育改革发展的战略主题的关键一步①。

2012 年 9 月，国务院出台《关于深入推进义务教育均衡发展的意见》提出，切实减轻学生过重课业负担，调整各科目所占的课时比例，合理安排学生作息时间。2013 年《中共中央关于全面深化改革若干重大问题的决定》提出，要坚持立德树人……形成“爱学习、爱劳动、爱祖国”活动的有效形式和长效机制。2014 年，《关于深化考试招生制度改革的实施意见》将规范初高中学生综合素质评价作为改革考试的形式和内容，标志着提高教育质量、提升国民素质成为这一时期劳动教育的主要目的。2015 年，教育部等三部门联合发布《关于加强中小学劳动教育的意见》提出，要充分发挥综合育人功能……促进学生德智体美劳全面发展。

2019 年，《中国教育现代化 2035》秉承以德为先、全面发展、面向人人、因材施教、知行合一的发展理念，将劳动教育融入“全面发展教育体系”之中。这表明，新时代中国特色社会主义劳动教育的根本目的仍然是促进学生的全面发展，劳动教育政策无论怎么变革，促进人全面

① 国家中长期教育改革和发展规划纲要（2010—2020 年）［EB/OL］. http：//www.gov.cn/jrzg/2010-07/29/content_ 1667143. html.

发展的目的绝不动摇。

劳动教育综合实践课程设置与调整。21世纪以来，微电子、计算机、互联网+、人工智能等技术方兴未艾，快速发展的生活迫使我们不得不重新思考现代劳动教育课程设置问题。2001年《关于基础教育改革与发展的决定》规定，劳动教育作为综合实践课程的重要组成部分，小学、初中、高中根据自身特点开设相应课程。同年，《发展纲要》指出，综合实践活动作为必修课程，将劳动与技术教育纳入其中。同时，各级各类学校设置九年一贯的劳动教育课程，构建体系完善、相互衔接的课程结构。2007年，《国家教育事业发展“十一五”规划纲要的通知》指出，深化教育教学改革，将生产劳动和公益活动作为学生综合实践活动的一部分。此时，劳动教育从独立的学科转变为学科内容。

2015年《关于加强中小学劳动教育的意见》提出，抓好劳动教育的关键环节，落实相关课程，开设综合实践活动中的劳动与技术教育课。这表明21世纪以来，我国劳动教育的课程内容、要求、标准等日臻完善。2017年《中小学综合实践活动课程指导纲要》颁布，对综合课程的性质与基本理念、课程目标、内容及活动方式作了详细规定，但是在开展过程中由于师资队伍质量参差不齐，对课程目标理解各异，课程实施困难，效果有待提升。2020年中共中央、国务院《关于全面加强新时代大中小学劳动教育的意见》明确中小学、职业院校、普通高等学校设置劳动教育的课时及教学内容与评价制度，反映了对劳动教育的深刻认识，对优秀劳动教育传统的总结继承，是符合中国特色社会主义国情和需要的育人智慧的时代表达。

劳动教育以人为主旨的价值回归。时至今日，追求人的自尊、自重、自爱成为劳动教育一直遵循的理念，劳动教育的人性价值日益凸显。党的十六大报告中，江泽民明确提出要尊重和保护一切有益于人民和社会的劳动，不论体力劳动还是脑力劳动……都是光荣的，都应该得到尊重。

该论断扩大了劳动和劳动者的外延，亦阐述以人为旨的理念。胡锦涛在党的十七大、十八大报告中提出，引导劳动者转变就业观念，多次提及“劳动最光荣、劳动者最伟大”的思想，明确劳动的意义及价值，体现了对劳动者的人本关怀。

党的十八大以来，习近平总书记多次强调，培养什么人是教育的首要问题，社会主义建设者和接班人必须德智体美劳全面发展，通过重视和加强全面的劳动教育来带动学生综合素质提升，是时代命题。习近平总书记强调：全面建成小康社会，进而建成富强民主文明和谐的社会主义现代国家，根本上靠劳动，靠劳动者创造。①

当前劳动的创造性日益增强，进一步焕发出劳动对人的自由和精神解放的主体价值和审美意义。在党的十九大报告中，习近平总书记将“人民日益增长的美好生活需要和不平衡不充分的发展之间的矛盾”视为新时代我国社会的主要矛盾，并将以人民为中心确立为国家的教育宗旨。2020 年，习近平总书记在全国劳动模范和先进工作者表彰大会上的讲话再次强调：要开展以劳动创造幸福为主题的宣传教育，把劳动教育纳入人才培养全过程，贯通大中小学各学段和家庭、学校、社会各方面，教育引导青少年树立以辛勤劳动为荣、以好逸恶劳为耻的劳动观，培养一代又一代热爱劳动、勤于劳动、善于劳动的高素质劳动者。光荣属于劳动者，幸福属于劳动者。当代大学生要勤于创造、勇于奋斗，努力在全面建设社会主义现代化国家新征程上创造新的时代辉煌、成就青春梦想。

（二）我国劳动教育政策演变的特点

回溯我国 70 多年的劳动教育政策变迁历史，不同时期的经济、政治、社会环境以及劳动教育自身的演进逻辑呈现出不同的教学内容与实

---

① 习近平．庆祝“五一”国际劳动节暨表彰全国劳动模范和先进工作者大会隆重举行［N］．人民日报，2015-04-29.

施举措。总体而言，我国劳动教育政策的嬗变呈现三方面特点。

1. 教学内容：从注重单一技能向综合素养转变

新中国成立初期，由于当时经济结构的制约，劳动教育的形态也相对原始和落后。社会主义建设初期，劳动教育承担着培养生产劳动者的工作，因而其内容基本上是生产性和技术性的知识，比较注重具体劳动技能的训练和培养。改革开放后，教育部颁布《关于普通中学开设劳动技术课的试行意见》，标志着劳动教育正式列入学校正式课程，但是劳动技术的学习仍是其主要内容，不过课程内容涉及制造业等在内的相关知识，生产性、技术性劳动是劳动教育的主要形式。进入新时代，科学技术发展更为迅猛，对人的综合素质提出了更高的要求，劳动教育的内容也随之发生变化。2015 年教育部联合共青团中央、全国少工委印发了《关于加强中小学劳动教育的意见》，要求“开设家政、烹饪、手工、园艺等相关课程”。2020 年中共中央、国务院《关于全面加强新时代大中小学劳动教育的意见》也指出，开设家政、社区服务、社会实践、勤工助学等课程。劳动教育的内容日益丰富，其涉及领域不断拓展。

2. 教学形式：从注重体力劳动向手脑并用转变

新中国成立至改革开放时期，我国处于社会主义建设的初级阶段，面对国内、国外社会环境，我国将教育目标界定为培养工农业生产人才，劳动教育亦是如此。20 世纪五六十年代颁布的关于生产劳动的系列文件中提及的“劳动”可以与“体力劳动”同义。这一时期，劳动教育课程以学习工农业常识和技术为主，所以劳动教育不可避免地与工农业生产相结合，带有“体力劳动”的色彩。该时期的劳动教育局限于工农业生产为背景的体力付出的物质劳动。

邓小平在《尊重知识、尊重人才》中讲道：不论脑力劳动，体力劳动，都是劳动①。这一论断将劳动教育从工业生产劳动中解放出来，同时

① 邓小平论教育：第 3 版［M］. 北京：人民教育出版社，2004：26.

也还原了劳动的多种形态的本意。21 世纪以来，劳动教育越来越受到党和国家的重视，习近平总书记说道：在我们社会主义国家，一切劳动，无论体力劳动还是脑力劳动，都值得尊重和鼓励。同时，人工智能时代劳动教育不断丰富其形式，整合教育资源，突破传统认知，与创造性劳动、体面劳动、虚拟劳动等进行新的结合，不再局限于动手操作能力的培养和训练，更加注重创造性思维、解决问题能力的培养，最终促进手脑相长，增进自立之能力。

3. 价值选择：从注重工具理性向价值理性转变

回顾与反思 70 多年来我国劳动教育政策的价值取向，劳动价值取向由关注物质性、服务社会发展为主要目的工具价值逐渐向关注超验性的人的自由、向“人的回归”的价值取向转变。我国教育政策的价值选择具有明显的目的外生性，长期以来我国劳动教育政策的目的是为社会发展服务。21 世纪以来尤其是中国特色社会主义进入新时代后，人们对劳动教育的功能认识不断深化，劳动教育政策的价值理性选择日益凸显，劳动教育政策的价值理性越来越受到关注，并逐渐成为劳动教育政策最终的价值取向，这一价值选择不仅符合教育的发展规律，同时也有利于实现个体人格和精神的健全发展。

二、新时代劳动教育的原则

新时代劳动教育作为中国特色社会主义教育制度的重要内容，明确了时代性、系统性、协同性的原则，形成了全员、全方位、全过程的劳动教育新格局。

（一）把握育人导向，体现时代性特征

坚持党的领导，围绕培养担当民族复兴大任的时代新人，着力提升学生综合素质，促进学生全面发展、健康成长。把准劳动教育价值取向，引导学生树立正确的劳动观，崇尚劳动、尊重劳动，增强对劳动人民的

感情，报效国家，奉献社会。适应科技发展和产业变革，针对劳动新形态，注重新兴技术支撑和社会服务新变化。深化产教融合，改进劳动教育方式。强化诚实合法劳动意识，培养科学精神，提高创造性劳动的能力。

由于人类劳动的形态处于不断演进的历史进程中，劳动形式也在不断发生变化，势必要求劳动教育树立一种与时俱进的劳动教育观，一种开放发展的劳动教育观，一种主动作为、契合新时代发展需要的劳动教育观。

当前，数字化经济的出现正日益挑战着过去主要基于第一、第二、第三产业所建构的劳动形态结构，脑力劳动、服务性劳动、复合型劳动比重空前增加，劳动形式也要“适用科技发展和产业变革，针对劳动新形式，注重新兴技术支撑和社会服务新变化”。可以说，当前劳动领域的变革正在发生翻天覆地的变化，这种变化也体现在劳动形态上。在这种情况下，劳动形式的多元化、多样化层叠交错，生产与技术、知识与价值、信息与文化、时间与空间等劳动要素的耦合比任何一个时代都更为突出，也更为复杂、更为多样，并对劳动教育的内容和形式带来了新的机遇和挑战。

劳动包括体力劳动，但又不能狭隘地理解为简单的体力劳动。当人类生活的自动化高到一定程度以后，人可能不需要进行任何体力劳动。正是体力劳动需求的发展变化，折射出劳动在另一个方面的挑战，那就是对脑力劳动的需求提出了更高的要求，带来了更大的挑战。在劳动教育的内容上，我们不仅不能摆脱体力劳动带来的要求，还要从体力劳动中探寻新的特点，发现可以替代的新形式。而脑力劳动对劳动者带来的获得感，更要在时代中进一步强化，创造脑力劳动的新发展。

历史的车轮永远不会停歇，劳动教育的内容也永远不能止步更新。新时代的劳动教育在内容上必须主动扩容新的劳动现实，把握新时代劳动教育的特点，使学生能够在飞速发展的历史进程中，在劳动形式迭代变化中紧紧抓住核心的劳动价值观，在变与不变中适应新发展。

（二）遵循教育规律，注重系统性

劳动教育是一项系统工程，要尊重教育规律，符合学生年龄特点，以体力劳动为主，注意手脑并用、安全适度，强化实践体验，让学生亲历劳动过程，提升育人实效性。针对学生不同的成长阶段，依据不同学段、类型学生的特点，有序推进大中小学劳动教育的有效衔接，帮助青少年形成正确的劳动价值观。

为构建德智体美劳全面培养的教育体系，2020 年 3 月 26 日，中共中央、国务院印发《关于全面加强新时代大中小学劳动教育的意见》，强调劳动教育是中国特色社会主义教育制度的重要内容，要全面贯彻党的教育方针，坚持立德树人，把劳动教育纳入人才培养全过程，贯通大中小学各学段，贯穿家庭、学校、社会各方面，把握育人导向，遵循教育规律，创新体制机制，注重教育实效，实现知行合一，促进学生形成正确的世界观、人生观、价值观。

《意见》对劳动教育各阶段的内容作出了系统的部署和明确的指示：小学低年级要注重围绕劳动意识的启蒙，让学生学习日常生活自理，感知劳动乐趣，知道人人都要劳动。小学中高年级要注重围绕卫生、劳动习惯养成，让学生做好个人清洁卫生，主动分担家务，适当参加校内外公益劳动，学会与他人合作劳动，体会到劳动光荣。初中要注重围绕增加劳动知识、技能，加强家政学习，开展社区服务，适当参加生产劳动，使学生初步养成认真负责、吃苦耐劳的品质和职业意识。普通高中要注重围绕丰富职业体验，开展服务性劳动、参加生产劳动，使学生熟练掌握一定的劳动技能，理解劳动创造价值，具有劳动自立意识和主动服务他人、服务社会的情怀。中等职业学校的重点是结合专业人才培养，增强学生职业荣誉感，提高职业技能水平，培育学生精益求精的工匠精神和爱岗敬业的劳动态度。高等学校要注重围绕创新创业，结合学科和专业积极开展实习实训、专业服务、社会实践、勤工助学等，重视新知识、新技术、新工艺、新方法应用，创造性地解决实际问题，使学生增强诚实劳动意识，积累职业经验，提升就业创业能力，树立正确择业观，具有到艰苦地区和行业工作的奋斗精神，懂得空谈误国、实干兴邦的深刻道理。注重培育公共服务意识，使学生具有面对重大疫情、灾害等危机主动作为的奉献精神。

推进大中小学的劳动教育系统，构建全面、系统、整体性的劳动教育体系，不是简单地突出某一方面的教育，也不是只进行某一方面的教育，而是把劳动教育置于人成长之中，利用人成长的生理和心理特征，在德育、智育、体育、美育共同作用的教育系统中考虑劳动教育，才能真正实现立德树人的根本任务，实现教育的高质量发展。

（三）强化综合实施，实现协同性

加强政府统筹，拓宽劳动教育途径，整合家庭、学校、社会各方面力量。家庭劳动教育要日常化，学校劳动教育要规范化，社会劳动教育要多样化，形成协同育人格局。劳动教育的内涵十分丰富，从场域上讲，包括家庭劳动、学校劳动、社会劳动；从教育方式上讲，可以分为显性的技能性劳动教育和隐性的思想性劳动观念培育；等等。但是，就目前社会发展对人的能力的需求而言，单一形态的劳动教育难以促进新时期劳动教育功能的实现，无法满足社会主义事业对当代大学生的需要。因而，当代大学生的劳动教育必须走向家庭教育、学校教育、社会教育三者的统一，实现劳动教育在课程、活动等方面的资源有机整合。

在家庭教育中，要注重抓住衣食住行等日常生活中的劳动实践机会，鼓励孩子自觉参与、自己动手，随时随地、坚持不懈地进行劳动，例如，引导孩子掌握洗衣做饭等必要的家务劳动技能，每年有针对性地学会 1 项至 2 项生活技能；鼓励学校和社区等组织开展学生生活技能展示活动；

鼓励孩子利用节假日参加各种社会劳动。家庭要树立崇尚劳动的良好家风，家长要通过日常生活的言传身教、潜移默化，让孩子养成从小爱劳动的好习惯。

学校教育在青少年成长过程起到了主导作用。学校要切实承担劳动教育的责任，明确实施机构和人员，开齐开足劳动教育课程，不得挤占、挪用劳动实践时间。明确学校劳动教育要求，着重引导学生形成马克思主义劳动观，系统学习掌握必要的劳动技能。根据学生身体发育情况，科学设计课内外劳动项目，采取多样形式，激发学生劳动的内在需求和动力。可采用集中与分散相结合的方式，统筹安排课内外时间。组织实施好劳动周，小学低、中年级以校园劳动为主，小学高年级和中学可适当走向社会、参与集中劳动，高等学校要组织学生走向社会、以校外劳动锻炼为主。在课堂教学中，教师要把劳动教育的课程与其他课程有机统一起来，思考课程之间的关联性，从劳动教育的本体层面挖掘劳动教育的育人元素，在强化理论学习与社会实践的关系、突出技术本身与技术创新的关系、思考劳动行为与劳动精神的关系的过程中，实现劳动教育思想的渗透。

社会教育在劳动教育中发挥了支持作用。要充分利用社会各方面资源，为劳动教育提供必要保障。各级政府部门要积极协调和引导企业、农场等组织履行社会责任，开放实践场所，支持学校组织学生参加力所能及的生产劳动、参与新型服务性劳动，使学生与普通劳动者一起经历劳动过程。鼓励高新企业为学生体验现代科技条件下劳动实践新形态、新方式提供支持。工会、共青团、妇联等群团组织以及各类公益基金会、社会福利组织要组织动员相关力量、搭建活动平台，共同支持学生深入城乡社区、福利院和公共场所等参加志愿服务，开展公益劳动，参与社区治理。

三、劳动教育实施路径

新时期对劳动教育的呼唤，发声于我国经济新常态的背景中，发声于现代社会结构的历史变迁中，发声于社会秩序对朴素劳动者的意义追寻中。

(一) 以大劳动观和大教育观为抓手

劳动是人类生存生活、社会运行、国家发展的基本前提，创造物质财富和精神财富的活动都属于劳动。随着社会的发展，劳动结构有了很大的变化，劳动不再局限于现有知识架构中的行动能力，而是有了更为广阔的外延。劳动教育的实施需要在观念层面以大劳动观和大教育观为抓手，通过提高对劳动及劳动教育的理解力，逐步将社会主义核心价值观融入劳动教育全过程，保证教育目的的顺利实现。大劳动观下的劳动教育是这样一种状态：它不期望未来把劳动作为职业，也不寄托当下把劳动作为课程，它是一种自然存在，一种自在环境，一种不受人为干预的自然氛围，即劳动是人的存在方式，人因劳动而存在，且存在于劳动之中。大劳动观下的劳动教育利于构建一套饱满的“全面发展”理念，使劳动成为一种普遍的社会感召、一种合理的制度规划，为社会的健康发展灌注质朴、坚韧的价值意识。大教育观下的劳动是这样一种状态：它不刻意认为所有的劳动都具有教育意义，而认为具备教育意义的劳动的范畴远远大于传统对劳动的定义与认知，即尊重生存、认真生活的所有劳动行为都富有教育意义。它保持着对成长与发展的生动敏感性，这种敏感性说服人们尊重劳动、热爱劳动、善于劳动、珍惜劳动，通过劳动理解人类的存在、社会的发展、国家的兴衰。

(二) 关注劳动教育目的与终身教育意义的融合

在实践层面，劳动教育的实施重在以马克思主义的“教劳结合”思想为根基，结合创新创业的时代召唤，不断丰富劳动教育与终身教育的实施理念与实践形式，为现代教育与生活相结合提供基本的路径方略。新时期，人的全面发展不仅需要有宏大的劳动观作为指引，还需要微妙的、大隐于内的日常劳动习惯作根基，后者扎根于日常生活中，持续性和影响力更强，两者相互呼应，收获的是对劳动这一人类存在的唯一方式的严肃的、深厚的依赖与爱。要通过学科教学、社会实践、家庭配合共同发力，使大学生通过劳动教育获得对劳动的正确认识，获得对劳动结构的全面理解，获得对作为一个劳动者最直接最鲜活的生命体验。这些“获得感”是新时期实施劳动教育最为生动的价值诠释，是对创新创业伟大愿景的现实构建。

（三）建设保障劳动教育实施的制度体系

为劳动教育立法，以法治教、以教修德、以德树人制度是社会结构的重要组成部分，它的强制性与规范性是保障个体能动性得以有效发挥的重要前提。劳动教育的实施需要提高制度建设在教育整体工作中的比重与层级，通过劳动教育立法强制保障劳动教育在学校、社会、家庭各个层面的落实，提升学习者实践动手能力和社会责任感，最终实现以法治教、以教修德、以德树人的人才培养愿景。具体说来，在制度的理论构建上，重在明确适合我国国情的、符合教育质量需求的劳动教育关键事项，同时关注国际教育在劳动教育上的政策优先点，作为制定我国劳动教育政策的参照。在制度的实践路径上，强调以劳树德、以劳增智、以劳强体、以劳育美的目标导向，重视制度在农村与城市、校内与校外、课内与课外等的通用性与可持续性，共同服务于提高教育质量这个大局。

（四）构建科学劳动教育考评体系

新时代高校劳动教育实践需要建立科学完善的劳动教育评价系统。要落实全国教育大会精神，坚持立德树人，坚持培育和践行社会主义核心价值观，把劳动教育纳入人才培养全过程，与德育、智育、体育、美育相融合，紧密结合经济社会发展变化和学生生活实际，创新体制机制，注重教育实效，实现知行合一，促进学生形成正确的世界观、人生观、价值观。

要通过评价反思让学生在劳动中了解劳动过程，掌握基本的劳动技能；培养学生不畏艰辛、坚韧不拔的品质；培养学生一丝不苟、精益求精的产品质量观和服务质量观；培养学生享受劳动的观念；培养学生尊重劳动、敬畏劳动的品格。

思考题：

1. 谈谈你对劳动和劳动教育的理解。
2. 怎样认识劳动教育对大学生成长成才的作用？
3. 结合生活实际，谈谈新时代应该怎样推动劳动教育的实践。

第三章　劳动形态

劳动是人类运用一定的生产工具，作用于劳动对象，创造物质财富和精神财富的有目的的实践活动。劳动既是人类创新并积累财富的过程，也是人类自我创造、自我完善的过程。劳动作为人类运动的一种特殊形式，在人类社会不同的历史发展阶段，呈现出不同的表现形式。从不同的角度进行考察，劳动呈现不同的形态，不同的劳动形态在财富和价值创造中起着不同的作用。

第一节　人类社会发展中的劳动形态变迁

劳动是一个动态的、历史的范畴，人类社会的发展史就是人类劳动的发展史。马克思认为："整个所谓世界历史不外是人通过人的劳动而诞生的过程。"[①] 劳动是物质资料生产的根本前提，是人的本质活动，体现了人的自由创造的本质，是人自由创造的过程，也是人创造自由的过程。生产资料所有制形式决定着物质资料生产中人与人的社会关系，使人类社会表现出不同的历史发展阶段。在不同的历史发展阶段，因生产资料所有制形式差异、劳动者地位不同，劳动形态也有不同表现。

一、自发的劳动形态

劳动在产生之初是自发的，人们在不知不觉中进行劳动。

---

① 马克思恩格斯文集：第 1 卷［M］．北京：人民出版社，2009：196.

人类历史上第一个社会形态是原始社会，人类产生的过程也是原始社会形成的过程。原始社会的劳动者与生产资料相统一，形成简单的以劳动本位为主导的社会关系。

在原始社会，人类处于蒙昧时代和野蛮时代①。蒙昧时代是人类的幼稚时期。在这个时期，人类以顺应自然条件为特征，以采集现成的天然产物为主，如采集果实，挖掘根茎、块根，拾取鱼贝，猎取动物等为食物。人类的制造品主要包括初期未加磨制的石器、棍棒、标枪以及逐渐开始加工的磨制石器和制造弓箭，并掌握了摩擦取火的本领，开始用火和石斧做独木舟等。与此同时，人类也从居住的森林走出，开始有了萌芽状态的相对定居的村落。野蛮时代是原始氏族社会成长发展直到它的鼎盛时期，这个时期是人类学会经营畜牧业和农业的时期。人类开始学会靠人类活动来增加自然物的产物，能够磨制比较精细的石器，有了制陶术，学会了金属的冶炼。

原始社会的生产力极端不发达，其主要标志是使用石器工具。劳动的结合方式主要是简单协作，人们之间主要按性别、年龄实行自然分工。由于单个人无力同自然界进行斗争，为谋取生活资源，人们必须共同劳动，从而决定了生产资料的共同占有。同时，人们在劳动中是平等的互助合作关系，产品归氏族全体成员共同占有，实行平均分配。原始社会形成了简单的、平等的以劳动本位为主导的社会关系，这一阶段的劳动，是人们自然生活状态的原始劳动，它与人们的休闲、吃饭、玩耍等日常生活浑然一体，是没有强制的散漫、休闲、不经意的人类活动，是一种自发的劳动形态，这也是人类劳动的第一种形态。

原始的自发劳动形态主要有以下特征。

---

① 美国人类学家路易斯·亨·摩尔根在《古代社会》一书中将人类社会划分为蒙昧时代、野蛮时代、文明时代。恩格斯认为摩尔根对人类历史时期的划分以生产上技能的发展和获取生活资料的进步为标志，是科学的，是历史唯物主义的，因此，恩格斯在《家庭、私有制和国家的起源》一书中加以采纳，并填补了一些必要的实际资料。

第一，原始劳动是人类自发生产生活资料、创造人本身的过程。原始社会生产力极端不发达，人们为了满足生存的需要而自发劳动，生产自己的生活资料，解决衣、食、住以及其他东西。在生产自己的生活资料的同时，人类也在不知不觉中创造了人本身。劳动使人直立行走，推动了人手的完善和人脑的形成。在劳动过程中，人的各种器官都不断得以改造和完善；由于交往的需要，创造了语言；在劳动和语言发展的基础上，形成了人对自然界的反映，从而推动了意识的产生和发展。语言和意识的产生使人与猿有了本质的区别。

第二，原始劳动不是人的第一需要，只是生存的需要。在原始社会，人类为了生存而自发地参加劳动。劳动仅仅是谋生的需要，绝非自己的兴趣爱好使然。

第三，原始劳动中，劳动者个体微不足道，个人发展被完全忽略。人类为了生存，必须相互紧密团结合作，进行集体劳动，人们的生存依赖于氏族、部落。个人存在和发展的能力表现为氏族、部落存在和发展的能力，个人的关系表现为氏族、部落存在和发展的关系。

综上，原始社会的劳动是原始部落成员通过氏族共同的生产资料从事生产劳动，劳动产品在氏族内部平均分配，这种劳动溶解于人们的日常生活之中，劳动者是自己生产过程的主人。尽管这种劳动是简单的操作性质的劳动，但无疑是人类的最本质的活动，劳动的本位价值得到充分显现。然而，它又绝非人类劳动的完美阶段，它只是在原始社会生产力极端落后、社会分工不发达状态下的自发的劳动形态，这一劳动形态是社会生产力落后的表现。

二、自觉的劳动形态

原始社会后期发生了三次社会大分工，人类进入了文明时代。第一次社会大分工发生在野蛮时代的中级阶段，游牧部落从其余的野蛮人群中分离出来。其结果产生了第一次社会大分裂，社会分裂为两个阶级：主人和奴隶。第二次社会大分工出现于野蛮时代的高级阶段，手工业从农业中分离出来，出现了直接以交换为目的的商品生产。在剩余产品逐渐增多的情况下，其提高了劳动力的价值，前一阶段还是零散现象的奴隶制，在这一阶段已经成为社会制度的本质组成部分。第三次社会大分工发生在文明时代的入门阶段，由于商品交换的发展，出现了一个不从事生产只从事交换的商人阶级。商人阶级的出现，使财富更加集中，奴隶人数增多，奴隶的强制性劳动成为整个社会的经济基础。由于有了阶级对立，于是产生了国家。

进入阶级社会后，随着人的自觉创造能力的提高，劳动的形态也发生了变化，劳动从人自然状态的生活中独立出来，成为人类一种特殊的活动，即生产劳动阶段。在生产劳动阶段，产品是人通过劳动资料加工劳动对象的结果。生产劳动把由大自然主导的生产改造成由人主导的生产，这意味着人类主体性的确立。作为人的自觉创造过程，生产劳动表明人对自然的统治，生产劳动创造出一个日益丰富的使用价值体系，它激发了人们对产品的积累欲；作为人的体力耗费过程，生产劳动表明人仍然服从自然必然性。生产劳动意味着超过一定限度的体力支出、意味着人还被禁锢在自然必然性中，这导致了人们对劳动耗费的逃避。追逐财富和逃避劳动这组矛盾的解决办法及相应的结果就是无偿支配别人劳动的关系的产生，即阶级关系的产生。

（一）奴隶社会以劳动奴隶化为主导的劳动形态

人类历史上第一种奴役劳动的基本形态是奴隶社会以劳动奴隶化为主导的劳动形态。

奴隶社会以全部生产资料和奴隶的私有制为基础，物质生产领域的劳动者大部分是奴隶，形成了以劳动奴隶化为主导的社会关系。原始社会平均分配制度的崩溃很大程度上在于劳动力所能生产的东西超过了维持劳动力所需要的数量，劳动力获得了价值。而这个时期的部落战争，则使战俘更多活下来参加生产劳动，创造更多的价值，奴隶制开始形成。大量奴隶的规模化劳动和分工，很快就成了占主导地位的生产形式。在这个过程中，劳动者即奴隶与生产资料完全分离，劳动者必须把劳动的身份让渡给奴隶这个“中介”，才能与生产资料实现统一，进行物质资料生产。

（二）封建社会以劳动依附土地为基础的劳动形态

人类历史上第二种奴役劳动的基本形态是封建社会以劳动依附土地为基础的劳动形态。

封建社会以土地私有制为基础，劳动者与生产资料有统一、有分离，形成了以劳动依附土地为基础的社会关系。封建社会的主要特征是地主土地私有制，对使用土地的农民通过地租、高利贷等方式进行剥削。这个历史时期的劳动者大多是佃农身份，与生产资料相分离，只有租种地主的土地才能获得物质生活资料。还有一部分是自耕农，本身拥有一定的土地等生产资料，或者租种一部分地主的土地，以此获得支持生活的必需品。这一历史时期，劳动者就是农民，劳动方式就是自耕或租种土地，一部分劳动者通过佃农身份与生产资料相统一，一部分劳动者直接与生产资料相统一，获得自给自足的物质生活资料。但是，地主土地私有制的主导地位，使劳动必须依附在土地上才能产生价值。

（三）资本主义社会以劳动资本化为本位的劳动形态

人类历史上第三种奴役劳动的基本形态是资本主义社会以劳动资本化为本位的劳动形态。

资本主义社会以资本私有制为基础，劳动者与生产资料相分离，形成以劳动资本化为本位的社会关系。在资本主义社会，劳动者摆脱了封建依附关系，成为“自由人”，可以自由出卖自己的劳动力，表面上看对自身劳动力有了支配权。但是，由于社会生产资料集中在资本家手中，劳动者除了劳动力之外一无所有，他们除了受雇于资本家就没有别的出路了。资本家与劳动者的关系不是完全占有，也不是人身依附，资本家通过购买劳动者的劳动力，将出卖劳动力的劳动者与生产资料结合起来进行剩余价值生产。资本家和劳动者之间是雇佣劳动关系，资本家凭借占有的生产资料雇佣劳动者从事劳动、占有劳动者的剩余价值，在等价交换原则的掩盖下剥削、支配劳动者。在这一处境下，劳动者的主体性被迫让渡出去，变成“他人的主体性（资本的主体性）”，从而沦为一种被动的存在物。

三、自由的劳动形态

资本主义社会由于其不可克服的自我矛盾，必将被联合起来的无产阶级所消灭，人类将进入一个自己掌控自己命运的崭新的发展阶段。马克思在《德意志意识形态》中指出：只有在这个阶段上，自主活动才同物质生活一致起来，而这又是同各个人向完全的个人的发展以及一切自发性的消除相适应的。同样，劳动向自主活动的转化，同过去受制约的交往向个人本身的交往的转化，也是相互适应的。① 马克思这里所说的“这个阶段”是指自由人联合体社会阶段，即共产主义社会。在未来的共产主义社会，“劳动向自主活动转化”，自觉的劳动形态将发展成为自由自觉的劳动形态。

这时的劳动具有双重属性：既是谋生手段，同时也是生活的第一需要。后者是使人成为人的决定性的规定，只有在这个意义上而不是在谋生的意义上，劳动才成为生活的第一需要。共产主义社会的自由劳动形态实现了谋生手段和生活第一需要的统一。

（一）社会主义社会向自主活动过渡的劳动形态

共产主义的第一阶段即社会主义阶段，其劳动形态是“异化”劳动

① 马克思恩格斯选集：第 1 卷［M］. 北京：人民出版社，1995：130.

向自主活动的过渡阶段。社会主义社会以生产资料公有制为基础，劳动者与生产资料相统一，形成辛勤劳动、诚实劳动、创造性劳动本位的社会关系。无产阶级革命消灭了资本主义私有制，广大劳动人民第一次成为国家和生产资料的主人，劳动者与生产资料相统一，在政治制度上实行人民当家作主，经济制度上实行公有制为主、多种所有制并存，分配制度上实行按劳分配为主、多种分配方式并存，劳动者生产什么、如何生产以及产品如何分配都由劳动者集体决定，劳动者进行的劳动不再是剥削者强制下的劳动。

但是，我们也应该看到，社会主义社会是从资本主义社会脱胎而来的，在各个方面都残存着孕育它的社会形态的痕迹。因而，对劳动过程和形态的改造是一个比消灭私有制更加漫长、艰难的过程。在完成这一过程之前，劳动对人来说仍然是一种出于谋生的目的而不得不去从事的活动。在社会主义阶段，按劳分配是全社会遵循的分配原则。所谓按劳分配，简单地说就是全体社会成员的劳动所得按照每个劳动者的劳动量予以分配，每个人从社会中得到的恰好是适当比例的他给予社会的。从这一角度来看，社会主义社会的劳动仍然带有很强的“功利性”，即外在的目的性。因此，社会主义社会的劳动并没有超出必然劳动的范畴，仍然是一种“被强制的劳动”，但是这种强制的主体已经不是奴隶主、封建主或资本家，而是联合起来的劳动者自身。

（二）共产主义社会高级阶段的自由的劳动形态

马克思把未来共产主义称为自由人联合体，是比资本主义社会更高级的、以每个人的全面而自由的发展为基本原则的社会形式。到了共产主义社会的高级阶段，社会生产力高度发展，畸形化、片面化的旧式分工被消灭，取而代之以劳动者自由全面发展的自觉分工，社会共同占有生产资料；按劳分配被按需分配所取代，人们不必再为从社会中获取一定的生存发展资料而去劳动，自主劳动的外在目的性消失了，而完全变为人的一种自由自觉的活动。人类的劳动转化为自由的劳动形态。

在共产主义的社会环境中，个人不再屈从于分工，个人交往不再被束缚。在前私有制社会，由于生产力水平极端落后，原始人的交往被限制在狭小的范围内，部落与部落之间交往的形式主要是战争。在私有制社会，生产力得到了很大的发展，人与人交往有了便利的条件，交往有了很大的发展，但劳动者的交往却受到自己创造的产品所产生的异己力量的束缚。在自主活动的社会中，交往则是普遍的，而不是偶然的。交往不再受生产关系的制约，不再受资本的驱使，是作为完全的自由的个人交往。交往不再特属于某一阶级，而是普遍的个人的完全交往。

纵观人类社会的发展历史，劳动形态变迁经历了最初始的劳动本位、劳动奴隶化、劳动土地化、劳动资本化再回归到更高级别的劳动本位，这种回归不是简单重复性的，而是螺旋上升式的，各个历史时期的劳动形态变迁，都是对上一个历史时期劳动形态的“扬弃”。辩证地看，劳动形态变迁始终围绕着生产力和生产关系及其派生的劳动者和生产资料所有制形式之间的矛盾而变化。只有劳动与生产资料相结合，才能成为财富的源泉，才能创造人类生活的物质资料。无论在哪种社会形态下，这都是根本前提。而在这个前提下的劳动本位或价值问题，又是这个前提的前提，这对于正确认识人类历史的劳动形态变迁、树立科学的劳动观具有重要的理论和现实意义。

第二节　劳动本质、构成要素与形态划分

历史唯物主义认为，有了人类社会就有了劳动，是劳动使人类得以产生和发展。劳动不仅发展着世界，也创造着人本身。随着人类社会漫

长历史的发展，劳动至今已经发生了许多质的飞跃。那么到底什么是劳动，劳动在哪些方面发生了飞跃，又在哪些方面依然规定着“劳动之为劳动”的本质？这是人类社会实践的永恒课题，也是研究社会主义市场经济条件下劳动形态和劳动价值理论的前提。

一、劳动的本质

关于劳动的本质是什么，或者说什么是劳动，马克思从不同的角度做过不同的阐发。马克思对劳动的认识经历了从狭义到广义逐步延伸的过程。在新的历史条件下，劳动的内涵又有新的发展变化，并呈现出新的特征。

（一）马克思对劳动的狭义定义

关于劳动，马克思最先从狭义的角度揭示了其本质，马克思认为：劳动首先是人和自然之间的过程，是以自身的活动来引起、调整和控制人和自然之间的物质变换的过程。[①] 即劳动是人有意识、有目的地改造自然界，从而获取物质资料的活动。马克思主要从三个方面揭示了劳动的本质：一是从劳动主体消耗的物质内容来看，劳动是人的体力和智力的支出；二是从劳动过程的客体来看，劳动是劳动对象在人的意识的支配下发生变化形成使用价值的过程；三是从劳动的整体来看，劳动是人运用自己的体力和智力，借助劳动资料作用于劳动对象，从而生产出使用价值的活动过程。

（二）马克思对劳动的广义定义

随着社会化大生产的发展，资本主义社会化大生产中的劳动过程已不同于集各种劳动职能于一身的个体劳动，它是一种分工协作的共同劳动，即总体劳动。当产品从个体生产者的直接产品转化为社会产品，转

---

① 马克思恩格斯全集：第 23 卷［M］. 北京：人民出版社，1972：201-202.

化为总体工人即结合劳动人员的共同产品时，劳动过程就复杂化了。作为制造使用价值的有目的的活动，作为人们在生产使用价值时体力支出和智力支出相统一的劳动本身的具体表现也大大丰富起来。在资本主义社会化大生产的条件下，不仅社会分工得到进一步发展，而且企业内部由于分工的细化，劳动能力的越来越多的职能被列在生产劳动的直接概念下。正如马克思所说：总体工人的各个成员较直接地或者较间接地作用于劳动对象。因此，随着劳动过程本身的协作性质的发展，生产劳动和它的承担者即生产工人的概念也就必然扩大。为了从事生产劳动，现在不一定要亲自动手；只要成为总体工人的一个器官，完成他所属的某一种职能就够了。① 于是，与物质生产相联系的科技工作和管理性质的监督工作被纳入了劳动的范畴。

马克思在分析资本主义条件下生产劳动和非生产劳动时，又进一步把劳动扩展到能够生产满足人的精神需要的科学、艺术产品的脑力劳动以及教育工作者的劳动等范畴。马克思指出：服务只是劳动的特殊使用价值的表现，因为服务不是作为物而有用，而是作为活动而有用。② 从劳动创造出来的使用价值的形态这一角度，马克思把劳动的内涵又进一步扩大到包括能够满足人们某种精神或感觉需要的活动以及生产过程中起协调和监督作用的具有生产性质的活动。

（三）当代社会关于劳动内涵的延伸

现代社会的劳动与马克思创立劳动和劳动价值理论时期相比，已经发生了很大变化。当代社会劳动的内涵不断延伸，劳动成为人类社会一切创造商品价值的生产性劳动。今天的劳动形式与过去相比有了很多新的特点，除了生产第一线直接生产物质资料的劳动和生产过程内部直接与物质资料生产相联系的具有生产性质的劳动外，还包括在生产过程之

---

① 马克思．资本论：第1卷［M］．北京：人民出版社，1975：556.

② 马克思恩格斯全集：第49卷［M］．北京：人民出版社，1982：108-109.

外，为生产和生活服务的服务性劳动，独立于企业之外、创造科技产品的科技劳动，专职的企业经营管理的劳动等。特别是随着商品经济的发展和科技革命的进步，在现代市场经济条件下，许多创造精神产品的劳动以及数字劳动、智能劳动等成为创造价值的劳动，也具有了生产的性质，成为生产性劳动。当代社会劳动在马克思所使用的生产性劳动概念的基础上，其内涵又进一步扩大了。

二、劳动的构成要素

劳动的构成要素，是进入劳动过程中的一切使劳动之所以成为某种具体劳动的各种条件或因素。在生产力发展的不同阶段，劳动的构成要素在劳动中的表现形式和作用不同，具体内容也不一样。

（一）劳动的主体性要素——劳动本身或活劳动

劳动的主体要素，是指在劳动过程中起能动作用，引起劳动过程发生并调整和控制劳动整个过程的有目的的活动或劳动本身，或者说就是劳动力的使用。而劳动力即人的劳动能力，主要是指劳动者的体力和智力的总和。马克思指出，“劳动力的使用就是劳动本身”①，“我们把劳动力或劳动能力，理解为人的身体即活的人体中存在的、每当人生产某种使用价值时就运用的体力和智力的总和”②。这就是劳动主体性要素的本质规定。可以说，各种特殊的劳动都是劳动一般的具体表现形式。

（二）劳动的客体要素——劳动对象和劳动资料

劳动的客体要素，是指在劳动过程中处于被动地位的要素，是劳动活动的受动者，是“活劳动的吸收器”，是由劳动的主体要素支配和调控的要素，包括劳动对象和劳动资料，统称为生产资料。

---

① 马克思．资本论：第 1 卷［M］．北京：人民出版社，1975：201.
② 马克思．资本论：第 1 卷［M］．北京：人民出版社，1975：190.

所谓劳动对象，即人的劳动加于其上的一切东西。在传统政治经济学中，劳动对象主要是指有形的物质资料，既可以是未经加工的天然存在的自然物，也可以是经过人类劳动加工过的物质。随着社会生产的发展，劳动水平不断提高，劳动的物质内容也在发生变化，劳动由纯粹的人和自然之间的交换发展到包括人对人类社会和自身的改造在内的所有劳动形式。所谓劳动资料，是指人们在劳动过程中用以改变或影响劳动对象的一切物质资料和物质条件。劳动资料的范围很广，除了最重要的劳动工具外，劳动过程所需要的一切物质条件都应算作劳动资料。在这类劳动资料中，有的虽不直接加入劳动过程，但若没有它们，劳动过程就不能进行，或者只能不完全地进行。劳动资料的水平特别是劳动工具的发展水平是衡量劳动总体水平的重要标志。

在现代经济社会中，劳动的构成要素已不仅仅局限于这些有形的物质要素或基础性要素，有很多无形的精神要素加入劳动过程中来，起着越来越重要的作用，呈现出不断扩展的趋势。

三、劳动形态的划分

劳动在人类社会不同的历史发展阶段会呈现出不同的表现形式，即劳动形态。所谓劳动形态，是指人类作用于自然界，在创造物质财富和精神财富的生产活动中的表现形式。从不同维度和视角考察劳动的表现形式，可划分为不同的劳动形态。不同的劳动形态在创造财富和价值的过程中起着不同的作用。

（一）依据劳动工具的发展阶段划分劳动形态

依据人类劳动史上各阶段主要使用的劳动工具，人类劳动形态可划分为手工劳动、机器劳动、智能劳动三种。伴随着劳动工具的变迁，劳动经历了从手工劳动到机器劳动再到智能劳动的迭代变化。

1. 手工劳动

手工劳动是人类劳动的初始形态。为了生存，人类必须生产自己的生活资料，起初是付出自身的体力，后来开始使用自然工具、手工工具，借助畜力、风力和水力等开展劳动。手工劳动从一开始的简单手工劳动逐渐发展到复杂、精细且带有一定创造性的手工劳动，最后再发展为半机械的简单手工劳动。手工劳动开启了人类的创造历程，将人和动物区分开来，人类开始有意识、有目的、有计划地利用和改造大自然，同时通过这种能动的活动发展人的精神能力，促进人的自我实现。

人类手工劳动的发展经历了两个阶段：第一阶段是完全依赖自身身体的自然力或简单利用自然界天然形成的工具进行劳动；第二阶段是利用其他动物不可能创造的各种工具进行的劳动。马克思依据制造工具的材料，把史前时期划分为石器时代、青铜器时代和铁器时代。[①] 手工劳动发展的第二阶段又可以分为石器劳动时代（包括旧石器劳动时代和新石器劳动时代）、金属工具劳动时代、简单机械劳动时代（技术萌芽时期）。在手工劳动时代，机器劳动技术开始萌芽，手工劳动从凭借经验和技艺逐步增加了科学的因素，为机器劳动的发展打下了基础。

2. 机器劳动

18 世纪 60 年代、19 世纪 60 年代，人类社会进行了两次工业革命，先后进入蒸汽时代和电气时代。在农耕文明向工业文明过渡过程中，机器得到广泛运用，人类生产力由手工生产力发展为机器生产力。在这一阶段，机器劳动逐步取代手工劳动，成为主要的劳动形态。马克思给机器劳动下了一个定义：所谓简单的机器劳动，我们指的是应由看管工作机的人来完成的辅助作业。[②] 这个定义包含三层意思：一是机器劳动不是指机器的活动，而是指人的活动，因而是活劳动；二是将活劳动在生产

① 马克思恩格斯文集：第 5 卷［M］. 北京：人民出版社，2009：211.

② 马克思恩格斯全集：第 47 卷［M］. 北京：人民出版社，1979：520.

中的作用界定为辅助作业，并且这种辅助作业是指对直接加工劳动对象的机器的“看管”；三是将此种劳动的工作性质明确为“看管工作机”。机器劳动极大地提高了生产力，科学技术是机器劳动提高生产率的关键。同时，机器劳动也极大地促进了劳动者的解放，但在生产资料私有制的资本主义条件下，劳动产生了“异化”，给劳动者带来极大的痛苦。从手工劳动到机器劳动，人类社会完成第一次劳动形态的迭代。

3. 智能劳动

20世纪四五十年代，第三次科技革命兴起，其中最具划时代意义的是电子计算机的迅速发展和广泛运用，它使全球信息和资源交流变得更为迅速，人类社会开始进入信息时代。当前，以智能化为主要特征的新一轮科技革命兴起。作为新的劳动形态，智能劳动通过人与智能机器的合作共事，扩大、延伸和部分地取代了人类专家在制造过程中的脑力劳动，改变了人类生活的方方面面。所谓智能劳动，是指从劳动目标出发，由人类专家和智能机器共同组成人机一体化智能系统，通过模仿人类大脑，完成“从感觉到记忆思维的过程”与行为和语言的表达过程，实现拟人的智能化劳动，从而创造智能产品和其他产品的过程。① 智能劳动涉及生产劳动、生活劳动和服务性劳动的方方面面。从机器劳动到智能劳动，人类社会完成第二次劳动形态迭代。

（二）依据社会的不同发展阶段划分劳动形态

在人类社会的不同历史发展阶段，因生产资料所有制形式的差异、劳动者地位的不同，可把劳动形态划分为前私有制社会的自发劳动形态、私有制社会的自觉劳动形态、共产主义社会的自由劳动形态。本章第一节对此已专门阐述，这里主要从劳动的手段与目的以及生产资料的占有关系两个维度，分析不同社会形态下劳动形态的内涵。

第一，自由劳动与必然劳动。劳动内在地包含手段与目的双重属性。

① 曾天山，顾建军．劳动教育论［M］．北京：教育科学出版社，2020：24-25.

人首先是一种自然界的存在物，人类要维持生存就必须通过劳动来实现人和自然之间的物质交换和能量交换，否则人类社会很快就会灭亡。从这个角度来说，劳动是维持人类生存所必需的手段，这是劳动的“谋生性”“功利性”。同时，人是一种对象化存在物，人只有在将主体对象化后才能在对象中直观自身。从这个意义上说，劳动本身就是人的本质需要，是人生存的目的，是人的自我实现、自我创造、自我升华。所以，劳动既是人生存的手段，也是目的。劳动的双重属性的外在表现形式就是必然劳动和自由劳动的划分。必然劳动是一种谋生性质的劳动，而自由劳动则是人以自我实现为目的的劳动，是否具有外在的“谋生性”“功利性”是区分必然劳动和自由劳动的标准。

第二，自主劳动与他主劳动。对生产资料的垄断是人类一切奴役和剥削压迫的根源，个人只有占有生产资料，才能自主地控制自身的劳动和生产，才能不被他人和社会奴役。所以，可以从是否占有生产资料的角度，将人类劳动划分为自主劳动与他主劳动。自由劳动与必然劳动是从劳动是否具有谋生性的角度来区分的，而自主劳动与他主劳动的区别则在于劳动者是否占有生产资料。他主劳动一定是必然劳动，而自主劳动却不一定是自由劳动。

（三）依据马克思主义劳动价值论划分劳动形态

政治经济学意义上的劳动形态，不是以行业性或专业性横向区分的劳动形态，而是指劳动力使用过程的不同阶段上纵向表现出来的劳动形态。依据马克思主义劳动价值论，可将劳动形态划分为潜在形态的劳动、流动形态的劳动、凝固形态的劳动。

潜在形态的劳动，指未实际发挥作用的，存在于劳动者体内的劳动能力；流动形态的劳动，又叫活劳动，指在实际劳动过程中，劳动力使用和支出体力、脑力的过程；凝固形态的劳动，又叫死劳动，或物化形态的劳动，指凝结在产品中的劳动。凝固形态的劳动即通常说的劳动成果，在商品生产条件下，它是价值的实体。劳动处于潜在和流动形态时，它本身还不是价值，只有处于凝固形态（劳动成果）时才成为价值。

为了阐明价值的形成过程，马克思对劳动作了动态的分析。当劳动者与生产资料相结合时，劳动就由它的潜在形态（劳动力）转化为流动形态，最后体现在商品中，转化为凝固形态。处于流动形态的劳动形成价值，但它本身不是价值，只有在凝固形态中才成为价值。马克思把劳动分为活劳动和物化劳动、过去劳动和现在劳动。马克思指出：商品的价值既决定于为生产该商品所需要的物化的（过去的）劳动量，也决定于为生产该商品所需要的活的（现在的）劳动量。①

活劳动也就是流动形态的劳动，指劳动者在物质资料生产过程中劳动力的消耗。物化劳动有两个含义：作为劳动过程的物质条件，是指生产资料中所包含的劳动，也叫过去劳动或死劳动；作为劳动过程的结果，是指凝结在产品中的人类劳动，即凝固形态的劳动，又称对象化劳动或物化劳动。劳动具有二重性，作为具体劳动，它转移和保存过去的物化劳动（生产资料）的价值，并创造出新的使用价值。作为抽象劳动，它创造出新价值。商品的价值取决于转移的生产资料的价值和新创造的价值的总和，取决于消耗了的必要的物化劳动和活劳动的多少。

（四）依据劳动构成要素、劳动关系等划分劳动形态

根据劳动构成要素、劳动关系等方面的不同表现，还可以把劳动形态作以下划分。

1. 物质生产劳动与非物质生产劳动

物质生产劳动是指以自然资源为劳动对象，借助于生产工具，直接从自然资源中获取所需，或对其再加工，以满足人类社会需要的活动。非物质生产劳动是指不直接创造物质财富的一切非物质生产部门的劳动者的劳动。

---

① 马克思恩格斯全集：第2卷［M］．北京：人民出版社，1979：454.

2. 体力劳动与脑力（智力）劳动

根据劳动主体支出的物质内容，可以把劳动分为体力劳动与脑力（智力）劳动。体力劳动主要指劳动过程中以人的生理学意义上的体能耗费为主的劳动。脑力（智力）劳动主要指劳动过程中以人的脑力和智力（包括知识、智慧）耗费为主的劳动。

3. 操作劳动与管理劳动

根据劳动主体在劳动过程中所执行的功能的不同，可以把劳动分为操作劳动和管理劳动。操作劳动主要指劳动者在劳动过程中操纵机器的劳动或与机器相配合的劳动。管理劳动最初只是企业内部的组织协调活动和指挥监督活动，随着市场经济的发展，这种最初的协调监督活动便发展成全面的企业管理活动。

4. 创新劳动与重复劳动

根据劳动成果的唯一性或重复性，劳动可以分为创新劳动与重复劳动。创新劳动是指劳动成果具有唯一性和初始性的劳动，反之则是重复劳动。创新劳动包括创造科技产品的科技劳动，具有创新性质的管理劳动以及产品创新劳动。

5. 简单劳动与复杂劳动

根据抽象劳动的“质”的不同，即在同一时间内耗费的劳动量的不同，劳动形态可划分为简单劳动与复杂劳动。从劳动的社会分工看，简单劳动往往把主要的劳动时间用于理解、掌握复杂劳动的科学理论和设计思想，并依据复杂劳动的设计要求，完成一定的生产活动和社会活动。复杂劳动则往往把主要的劳动时间用于对自然和社会的研究与分析，不断地发现、设计出更能满足社会生活需要的新型物质资料，以及不断地发现、建立起更加适应社会进步要求的新型社会组织形式。

6. 典型劳动形态与非典型劳动形态

根据劳动关系的具体表现，劳动还可分为典型劳动形态与非典型劳动形态。典型劳动形态是指具有典型劳动关系或标准劳动关系的劳动形态：劳动者与雇主或用人单位的生产资料相结合，通过劳动产生利益，雇主或用人单位为劳动者发放工资、补贴和各种福利，劳动者对于雇主或用人单位具有较高的人身从属性。非典型劳动形态是指已不具备典型劳动关系的某些要件的劳动形态：雇主或用人单位对劳动者的管理较为松散，部分劳动所需的生产资料由劳动者自行配备，劳动者甚至可以自主选择服务对象与服务方式，具有极大的人身独立性。非典型劳动形态的劳动兼具独立劳动和受雇劳动的双重特征，其人身依附性和组织从属性被削弱，劳动者与雇主或用人单位的关系主要体现为经济从属性。

第三节　劳动形态发展的新特点及应对

随着社会化大生产和科学技术的不断发展，如今人类社会的劳动形态已发生深刻变化，出现了许多新特点：一方面，劳动形态发生新变化；另一方面，生产要素的内容、结构和比例也发生很大变化。为适应劳动的新发展，必须适时在劳动政策、劳动法律和劳动教育等方面作出应对。

一、劳动形态发展变化的新特点

近年来，随着互联网技术和人工智能的不断发展，零工经济、数字经济、平台经济、分享经济逐步兴起并迅速发展，就业形态不断演化，出现了许多非典型劳动关系，呈现出许多新的特点。

（一）知识劳动成为第一生产劳动

知识劳动本质上是一种以知识的生产和应用为核心的新的劳动形态。在农业社会和工业社会的生产中，经验和体力发挥着重要作用。但是，在信息社会，知识的重要性将变得日益突出，生产的自动化、智能化、数字化程度越高，对知识和科技的依赖程度也越高，知识劳动成为第一生产劳动。其具体表现为：一是知识和科技对经济发展起第一位的变革作用。现代科学技术已经渗透到经济活动和社会生产的各个环节，成为推动经济发展的决定性因素。二是知识和科技在生产力诸要素中已成为主要推动力量。科学技术自身不但直接体现为生产力，而且还作用于其他要素，从而成为推动社会生产力的最重要力量。三是知识和科技使管理日趋现代化、科学化、高效化。随着科学技术的迅猛发展，生产社会化程度大大提高，分工越来越专业化，其结果是使劳动过程的环节增多、链条拉长，生产商品的劳动很难在同一个独立的时间和空间完成，劳动过程成为越来越复杂的系统工程，各种相对独立的劳动职能以直接或间接的方式参与同一个商品的生产过程，从而使劳动的综合性和整体性大大加强，经营管理成为重要的劳动形态。

（二）精神生产和服务业的劳动日益重要

随着社会生产力的大幅提高，当代社会产业结构已发生巨大变化。从事生产性劳动的劳动者大量减少，服务性劳动者队伍大幅度增加。一些知识密集型、科技密集型的新兴产业迅速崛起，新型服务性劳动形态日益增多，服务业的份额不断扩大，就业结构发生巨大变化，导致劳动向其他领域转移和延伸，第三产业在国民经济中的比例已成为一个国家现代化程度的重要标志。伴随着物质生产的发展，人们的需求日益多样化，在满足物质资料需求以后，对精神方面的需求明显增多。这就要求社会除了提供满足人们物质需要的物质产品以外，还需要提供满足精神需要的精神产品和发展产品。这种发展趋势将不断推动整个社会精神生产的发展，创造出越来越多的满足人们精神需要的文化和精神财富。因此，劳动已不局限于物质生产领域，而是延伸到了社会服务领域和精神文化领域。

（三）劳动与生活休闲和消费的边界变得模糊

劳动与生活的分离，是农业生产和工业生产的突出特点。在农业社会和工业社会中，有着非常明确的上下班边界。上班意味去劳动，而下班之外的时间就是个体的生活。个体的劳动是为了更好地服务和服从于其生活品质的提升。但是，在信息社会特别是人工智能时代，个体的劳动与生活具有越来越高的统一性。一些劳动的属性融入消费过程当中，使劳动过程和消费过程的界限变得模糊。这种统一性一方面表现为上下班的边界在不断模糊；另一方面也说明由于信息社会劳动的自由度、个体性在不断增强，劳动本身也越来越多地具有娱乐的意味，很多人的职业选择是基于个体的兴趣和自我实现的需要。

此外，在人工智能时代，人们对体验或定制的需求将变得非常广泛。例如，当新产品上市后，第一批消费者需要花费精力对产品或者性能作出选择并体验，而这种体验可以给后来的消费者作参考，参考价值由此成为一种劳动形式，从而把劳动属性融入消费过程当中，使劳动过程和消费过程的界限变得模糊。

（四）过渡性的非典型劳动形态大量出现

在信息社会中，社会变革提速，社会流动加剧，劳动形态持续演化。一部分工作消失，又有新的工作形式出现，工作内容、工作方式也在不断进化，劳动的变动将成为一种常态，劳动者在受雇和自雇状态之间的转换将更普遍、更自由。以互联网技术的应用为引导，当前市场催生了零工经济的兴起，传统的封闭性典型劳动关系已不能充分应对这种市场化机制，企业的用工需求趋于弹性化，大量过渡性的非典型劳动形态，如职业中介、人事代理、劳务派遣、劳务外包等应运而生。在信息社会，社会劳动将更加柔性，生产方式将更加碎片化。个体的工作时间和空间也因此变得更富有弹性，劳动的自由度明显增强，独立、个性、创新的自主劳动将逐渐占据主导地位，成为普遍形态。例如，远程劳动使从业者享有工作场所的自由，共享劳动使从业者享有工作时间的自由。

但是，对于信息社会而言，劳动的自动化程度越高，对人力的直接使用也就越低，这就使得劳动者的准入门槛极大提高，人工智能将对低技术含量的工种带来极大冲击。同时，许多零工劳动者与雇主之间并没有建立标准形态的劳动关系，具有非典型性，劳动保障存在缺失，面临风险。

二、新时代劳动形态的表现形式

当今社会劳动形态呈现出持续迭代、新旧交融、多元并存的特征，特别是随着人工智能的应用，自动化、智能化、数字化生产已成为基本劳动形态。在劳动过程中，劳动者、劳动对象和劳动资料等劳动要素出现了许多新的表现形式。

（一）数字劳动

在经济全球化和大数据兴起的时代背景下，数字化已经成为不可逆转的趋势。数字劳动是伴随数字经济而产生的一种新型劳动形态。数字化时代的数字劳动代表了一种崭新的劳动方式，它是指数字劳动者在雇佣或者非雇佣的关系中，通过数字平台所进行的各种有酬或者无酬的“生产性”劳动。数字劳动与传统劳动一样具备劳动的基本构成要素。但与传统劳动要素相比，数字劳动要素具有一些新特征：从劳动者角度而言，传统的劳动者主要是指雇佣劳动者，但在数字劳动过程中，处于雇佣关系之外的普通互联网用户也成为劳动者；从劳动资料的角度来看，数字劳动的劳动资料具有了典型的非物质性；从劳动对象的角度来看，数字劳动的劳动对象是数据，数据不仅具有非物质性，而且具有非消耗性的特点（数据的使用价值不是一次性的）。

从被雇佣者和非雇佣者的角度来分析，数字劳动分为互联网专业劳动者的数字劳动和一般互联网用户的数字劳动。

互联网专业劳动者的数字劳动是指具有专业性知识的数字劳动者，

运用不属于他们的生产资料来加工普通用户所生产的数据的劳动过程。它主要分为三种类型：一是互联网专业技术人员的数字劳动，包括了互联网站、网络平台的开发人员、运营人员、维护人员的数字劳动等，这些数字劳动需要比较高的专业技术要求，如程序员、工程师的数字劳动等；二是互联网数字平台中的微劳动，如刷单、发布风评等；三是借助于互联网平台的自我雇佣劳动，如网约车司机和外卖商家的数字劳动等，他们与平台并不具备严格的雇佣关系，实质上是一种自我雇佣关系。

一般互联网用户的数字劳动是指一般的互联网用户运用自己所特有的生产资料作用于数字平台的劳动过程，它不是在现实中具体的公司从事信息技术处理工作，而是互联网用户在社交平台、移动设备上日常进行的信息分享、资源上传、经营交往等免费劳动。当一个人把自己的学习心得发在微信朋友圈，或者把自己的注意力集中到某一购物网站上时，其一般认为自己是在消费、休闲和娱乐，但人们在消费的同时也在进行着生产，只不过生产的不是一般的物质产品，而是数据。这种劳动形态有时也被称为“受众”劳动和“玩乐”劳动。

（二）远程劳动

远程劳动是指从业者在传统职业场所之外，通过电讯技术和设备从事弹性工作的形式。远程劳动始于全职劳动者的灵活办公需求，随着互联网技术的不断发展，兼职类型的远程劳动形态得以迅速发展。对于全职的远程劳动而言，它往往依附于标准劳动关系，但不再拘泥于指挥、监督的细节，而是更加关注远程劳动的成果。此时，劳动者对雇主的从属性有所减弱，但从属性的本质特征并未改变，它是标准劳动关系的一种弹性延伸和拓展。

同时，远程劳动并不局限于标准劳动关系，对于非典型劳动关系来说，为了促进灵活用工和提高劳动效率，同样可能采取远程劳动的方式来完成工作任务。在远程劳动中，一般由劳动者自己提供劳动工具，工作场所和工作时间都很自由，但强调完成工作的时间节点。雇主对选用哪一个远程劳动者从事哪一项工作任务具有决定权，远程劳动者一般不具有专属性。随着科技与劳动的紧密结合，远程劳动将会得到更广泛的应用。

（三）人机协同劳动

人机协同劳动是人工智能时代的一种基本的劳动形态，指通过人机交互实现人类劳动与人工智能的结合。人机协同意味着人类智能与机器融为一体，使人脑和机器成为一个完整的系统，实现劳动者与类人机器人协同工作。现阶段人机协同劳动是机器人参与到组织化生产中，人类作为主导，对机器人进行指挥和管控，而机器人协助人类来提高劳动生产率。随着人工智能的发展，劳动工具趋向“类人化”，人工智能与人的智能的相似度越来越高，智能劳动工具进入模拟人的智能的阶段，对劳动者的替代程度可能逐渐提高。

但是，应该强调的是，开发人工智能的目的并不是希望由机器人来完全取代人类，而是希望借助于人工智能的力量提高劳动生产率，完成更具创造性的工作，实现人与机器的理性协同；通过人机协同劳动促进生活品质提升，达到自我实现和心灵满足，从而更加确证自我存在的价值。

（四）多重身份劳动

多重身份劳动是指多重身份劳动的从业人员不满足于只拥有一种专业技能或者一种受雇状态，而以身份的变化和体验作为个人追求，有时甚至不以劳动的有偿对价作为条件，而是将其作为向自主劳动的过渡。多重身份劳动大大弱化了劳动关系的从属性，降低了雇主对劳动者的控制力。在人工智能时代，人们将从单一劳动的束缚中获得极大解放，一个人在一生中可以积累多个门类的专业知识。在个人兴趣的引导下，知识和技能的积累可以使其从事多种不同的工作，使传统的固定行业的工作不再是必需品。例如，某人可能白天做教师，下班后做记者，节假日又能从事艺术表演，这种多重身份的劳动形态将颠覆自由职业的传统概念。此外，劳动者的身份转换也可以发生在受雇和自雇状态之间，劳动者在被他人雇佣的同时，也可能自主创业，或同时雇佣他人从事另外的工作。

（五）共享劳动和委托劳动

共享劳动是指劳动者依托互联网平台搜寻或匹配服务对象，以个人身份向许多不特定主体提供服务的劳动形态。对于雇主来说，这种模式通常被称为众包。所谓众包，是指企业或组织通过网络将工作任务以自由自愿的形式外包给大众劳动者的行为。共享劳动者的劳动工具一般由劳动者自己提供，服务报酬除了劳动本身，还包括劳动工具等生产资料的消耗。互联网平台对共享劳动过程没有具体的指挥监督，但可以通过智能软件对服务方式、内容、条件等提出建议甚至据此进行考核，劳动者的工作时间比较自由。

委托劳动是指不采取标准劳动关系进行雇佣，而是基于双方的信任，利用业务委托的方式把某项雇主事务交由个体劳动者处理，由雇主承担其处理受托事务后果的劳动形态。委托劳动可以覆盖的业务范围包括销售、独立代理人、律师、人事、财务等专业领域。对于委托劳动而言，雇主一般不允许受托人把委托事项转委托，在委托劳动过程中一般也不会进行具体的指挥监督。

三、新型劳动形态的挑战及应对

在人工智能时代，以人工智能、大数据、云计算、物联网、区块链等为代表的科学技术极大提高了劳动生产率，导致了现代生产方式的重大变革和产业结构的重大调整，推动劳动形态持续迭代。为适应新型劳动形态的新发展和新挑战，必须适时在劳动政策、劳动法律和劳动教育等方面作出积极应对。

（一）新型劳动形态对劳动者的挑战与应对

新型劳动形态呈现出自动化、智能化、数字化的生产特征。劳动的自动化、智能化、数字化程度越高，对劳动者的劳动技能、科技素质、管理能力等要求越高，这就提高了劳动者就业的门槛，同时降低了对低技术含量岗位的需求，对低技术含量工种带来极大冲击。

应对新型劳动形态的挑战，需要赋予劳动更具历史解释力的内涵，将知识生产、科技创造、数字劳动等主动纳入劳动教育的视野和劳动保护的范围，使建立在现代劳动基础上的劳动政策既要体现对传统劳动的尊重，又要体现对新型劳动形态的保护和激励；既要保护传统生产要素，又要鼓励新的生产要素的投入。这种新的劳动政策应该是全方位的，既要体现在财富的生产领域和分配领域，又要体现在分配后财产的保护上。

（二）新型劳动形态对劳动关系的影响与应对

新型劳动形态呈现出的劳动方式灵活化、劳动关系弹性化、劳动群体松散化等特征，也给劳动法学的理论和实践带来前所未有的挑战。其主要体现在以下方面：首先，对劳动关系从属性的影响。传统的劳动关系是劳动者与雇主或用人单位所有的生产资料相结合，通过劳动产生利益，雇主或用人单位从中支付劳动者的工资、补贴和各种福利，劳动者对于雇主或用人单位具有较高的人身从属性。在新型劳动形态下，许多劳动形态已不具备传统劳动关系的某些要件。劳动者与雇主或用人单位的人身依附性和组织从属性被削弱，而主要体现为经济从属性。其次，对劳动者主体身份的影响。新型劳动形态下的灵活就业主要利用网络平台进行劳动，其主要特点是去组织化，利用网络平台配置劳动资源，提供产品和服务。这种“对企业来说是弹性用工，对劳动者来说是灵活就业，对劳资双方来说则是非标准劳动用工”的就业方式，使越来越多的劳动者的就业身份变得不明确，导致新型劳动形态中一些应该获得劳动法律保护的劳动者没有得到保护。最后，对劳动者风险防范和救济的影响。技术进步导致的劳动力替代与转移，将进一步导致劳动力市场供求关系的失衡，加深强势资本与弱势劳动的“马太效应”。劳动力市场供求情况和市场结构的不合理会使劳动者处于相对弱势的地位，可能导致其各种安全保障和救济措施受到影响，从而使劳动关系趋于紧张。

应对以上挑战，需要从劳动法学理论和劳动法治实践层面对新型劳动形态下的劳动用工进行治理。第一，合理界定劳动关系适用范围。将部分具有劳动关系特征的新型就业形态纳入非标准的劳动关系体系，扩大非标准劳动关系的范围，并在薪酬、劳动时间、休息休假、社会保障等方面进行适度规范。第二，建立健全违法行为预警防控机制。完善多部门综合治理与监察执法联动机制，严肃查处各种违法行为，督促企业严格落实国家规定的工时制度，依法保障劳动者的休息休假，促进企业改善劳动条件，增强企业依法用工、政府依法行政的意识，将劳动关系的建立、运行、监督、调处的全过程纳入法治化轨道，从而切实维护劳动者合法权益。第三，完善新型就业形态的劳动保障机制。进一步完善相应的社会保险制度，构建多层次的冲突防范化解机制，创新发展新型就业形态劳资双方平等对话机制，按照属地化管理原则，由相关部门、工会和企业组织共同建立劳资冲突事件的应急防范联动机制，完善劳动争议调处机制。

（三）新型劳动形态对劳动教育的要求与应对

在新型劳动形态下，劳动和生活边界的模糊使个体的闲暇生活问题在劳动教育中变得非常突出。新型劳动形态一方面极大地提高了社会生产力，由此带来了社会物质财富空前丰富和人们闲暇时间明显增多；另一方面赋予了个体较强的劳动自主性，使消费、闲暇和劳动融为一体。当前，社会普遍存在的符号消费、过度消费、攀比消费等现象，从一个侧面反映了劳动教育的缺位。因此，如何消费、如何休闲等成为新型劳动形态下开展劳动教育必须关注的现实问题。

首先，要加强马克思主义劳动思想教育，树立正确的劳动价值观，自觉坚持人民立场，确立劳动幸福观、奋斗幸福观；其次，要加强社会主义劳动道德教育，厚植劳动情怀，自觉培养向上向善的劳动品德，尊崇诚实劳动，尊重劳动和劳动者；最后，要加强新时代劳动素养教育，树立热爱劳动、辛勤劳动的积极劳动态度，养成善于劳动、创造性劳动的良好劳动习惯，掌握新时代必备的劳动相关知识、技术和技能，培养可靠的劳动信用。

思考题：

1. 如何正确认识人类社会发展中的劳动形态变迁？
2. 如何理解马克思关于劳动本质和劳动构成要素的内涵？
3. 什么是劳动形态？劳动形态如何划分？
4. 如何主动应对新型劳动形态的发展与变化？

第四章　劳动精神教育

第一节　劳动精神的内涵

一、劳动精神的科学含义

劳动精神是建立在正确认识劳动本质基础之上，经过长期实践逐步形成的较为稳定的劳动意识、劳动态度、劳动品质、劳动习惯等的总称，也就是关于劳动的理念认知、价值追求、劳动状态、行为实践的集中体现。劳动精神在认知上表现为全社会尊重劳动、崇尚劳动、热爱劳动、敬畏劳动、追求劳动幸福；在行为实践上表现为劳动者辛勤劳动、诚实劳动、创造性劳动，以及在这些劳动过程中展现的精神状态、精神面貌、精神品质。劳动精神作为中华民族的一种宝贵财富，是中国精神的思想凝结和重要组成部分。

习近平总书记立足于新时代经济社会发展背景和劳动实践问题，多次就劳动精神的科学内涵发表重要讲话，阐释劳动者在辛勤劳动、诚实劳动、创造性劳动过程中，形成劳动光荣、精益求精、创造伟大的劳动理念，达到脱贫致富、发展经济、实现中国梦的劳动目标，旗帜鲜明地回答了新时代应该坚持什么样的劳动观念、秉持什么样的劳动姿态、倡导什么样的劳动精神、实施什么样的劳动教育、落实什么样的劳动实践等一系列重大问题。习近平总书记指出：我们一定要在全社会大力弘扬劳模精神、劳动精神，大力宣传劳动模范和其他典型的先进事迹，引导广大人民群众树立辛勤劳动、诚实劳动、创造性劳动的理念，让劳动光荣、创造伟大成为铿锵的时代强音，让劳动最光荣、劳动最崇高、劳动最伟大、劳动最美丽蔚然成风。

二、劳动精神的内容与特征

（一）劳动精神的主要内容

劳动精神是对普通劳动者工作状态的基本要求，是人们在劳动过程中所表现出来的一种积极状态。根据时代要求，对人们在劳动过程中所表现出来的这种积极状态加以科学总结、高度凝练和理论提升，就成为这个时代的劳动精神。中国特色社会主义进入新时代，新时代的劳动精神包括爱岗敬业、勤奋务实、诚实守信、遵纪守法、创新创造等内容。

爱岗敬业是劳动精神的基本要求。爱岗表现为劳动者对自己的本职工作始终保持坚定的信仰，能将自己的热情投入工作中。敬业表现为劳动者以一种严谨踏实的态度对待自己的工作，怀着高度职业自豪感、荣誉感，不断提升工作积极性和创造性。岗位、职业是一个人赖以生存和发展的基础，也是整个社会存在和发展在个人分工上的要求。爱岗敬业是每个劳动者必备的职业素养。爱岗与敬业是辩证统一的，只有爱岗才能敬业，只有敬业才能体现爱岗。每个劳动者要爱惜工作岗位，履行工作职责，干一行、爱一行、钻一行、专一行，只有这样才能在自己的岗位上作出出色成绩，为国家和社会作出更大的贡献。

勤奋务实是劳动精神的现实要求。勤奋就是认认真真、努力干好自己的工作，不怕吃苦，踏实肯干。务实就是讲求实际，实事求是。勤奋务实是劳动精神的现实要求和具体体现。勤奋务实体现为对工作的坚持不懈和积极努力，对岗位的认真负责，能够帮助个人在自己的岗位上有所成就，这是检验劳动者是否真正具备劳动精神的试金石。

诚实守信是劳动精神的立足基点。诚实即真诚踏实，守信就是信守承诺。从劳动精神的视角讲，诚实守信就是忠实于自己的职业和事业，勇于承担自己应当承担的责任和义务。在劳动过程中，劳动者要按劳动合同和岗位职责、按工作目标要求和产品标准，保质、保量、按时完成自己的劳动任务，不能弄虚作假、偷工减料、以次充好或者随意推诿、拖延工期。要加强劳动者诚实守信职业品质建设，通过科学的、长期性的诚信机制，使诚实守信成为劳动者的共同认知和自觉行动。

遵纪守法是劳动精神的必要保证。遵纪守法是指劳动者要遵守纪律和法律，尤其要遵守职业纪律和与职业活动相关的法律法规。依法治国是新时代治国理政的基本方略，遵纪守法是劳动者应承担的社会责任，是劳动者应尽的道德义务，是劳动者应具备的基本素质，是弘扬劳动精神的必要保证。

创新创造是劳动精神的价值取向。创新是指提出有别于常规思路的见解，利用现有的知识和物质，在特定的环境中，本着理想化需要或为满足社会需求而改进或创造新的事物、方法、元素、路径、环境，并能获得一定效果的行为。创造是指将两个以上概念或事物按一定方式联系起来，用以达到某种目的行为或想出新的办法，创建新的理论、新的成绩。劳动的价值在于创造价值，创新创造是劳动者发展的阶梯，是全社会倡导的劳动价值取向。

（二）劳动精神的基本特征

爱岗敬业、争创一流。爱岗是劳动者对自己本职工作始终保持坚定的信仰，能够全心投入工作中。敬业是指劳动者认认真真，努力干好自己的工作，不怕吃苦，脚踏实地。爱岗敬业是对劳动者的普遍性要求，争创一流是对劳动者的先进性要求。新时代劳动精神的爱岗敬业、争创一流奋斗目标，启示当代劳动者树立正确的职业价值观并落实为行为表现。只有大力倡导爱岗敬业、争创一流的劳模精神，才能在广大劳动者中形成有奋斗目标、有扎实劳动、有较高效率的劳动风尚和社会风气。倡导爱岗敬业、争创一流的劳模精神，既要榜样引路，更要机制推动，如此才能恒久有效，推动中华民族蓬勃向上发展。

艰苦奋斗、勇于创新。艰苦奋斗是指面对困难不予畏惧、敢于挑战的斗争精神。艰苦奋斗突出表现为一种昂扬向上的生活态度，一种乐于奉献的崇高美德和高尚情操。勇于创新就是敢于创新、善于创新。创新是个人突破自我、实现自我发展的基本路径，也是对新时代劳动者的时代要求。劳动条件有好坏之分，劳动环境有优劣之别，劳动任务有轻重之差，劳动过程有顺逆之区，任何人都不能随随便便成功，只有不畏艰苦、积极进取、敢于创新、善于创新才是成功之道。

淡泊名利、甘于奉献。淡泊名利意为轻视外在的名声与利益，甘于奉献是对自己的事业不求回报地全身心付出。淡泊名利者，并非没有功名利禄之心，而是在追求和获取的态度上不是搞急功近利、损人利己、损公肥私，要顺势而为、公平竞争、取之有道、得而无愧。甘于奉献者并非不讲求个人私利，而是轻视外在的名声与利益，在国家、集体和他人需要的时候，能够放弃个人某些所得，心甘情愿地做些力所能及的事情。劳动者要以高度的主人翁责任感、卓越的劳动创造、忘我的拼搏奉献，在本职岗位上建功立业。

三、劳动精神与相关概念的关系

劳动精神是每一位劳动者为创造美好生活而在劳动过程中秉持的劳动态度、劳动理念及其展现出的劳动精神风貌，是在反映劳动者对劳动对象的能动性以及二者之间相互作用的活动过程中产生出来的。[①]

（一）劳动精神与劳动文化

劳动文化是对历史上出现的劳动与文化的对抗性冲突的扬弃，是文

① 平迪．当代大学生劳动精神培育研究［D］．长春理工大学，2020.

化的劳动化或向劳动的回归，是劳动的“文化”化或向文化的提升，是一种强调劳动的价值和地位、劳动者的尊严和权利的文化。

从创造主体来看，劳动文化是所有劳动者共同创造，而劳动精神则由部分劳动者创造；从使用范围来看，劳动文化是所有劳动者共同享有的属于所有劳动者的文化，劳动精神是能够展现劳动精神风貌的群体身上值得其他劳动者学习的精神文化。

（二）劳动精神与劳模精神

劳模精神是劳模之所以成为劳模的精神品质，是劳模在平凡岗位上作出不平凡业绩所坚持、坚守、坚定的基本信念、价值追求、人生境界及其展现出的整体精神风貌。①

劳模精神和劳动精神是部分和整体的关系。从主体上看，劳模精神的主体是劳模群体，劳动精神的主体是所有劳动者，而劳模群体是广大劳动者群体中的佼佼者和杰出代表，也是广大劳动者学习的榜样和楷模。从这个意义上讲，劳模精神也是劳动精神的一部分。劳动精神是做一名合格的劳动者应该有的精神，也是成为劳模必须有的精神。如果做劳动者不合格，做劳模就更不可能。没有劳动精神，也就很难有劳模精神。劳模精神则是所有劳动者都应该学习的精神。劳模精神是方向，劳动精神是基础。

（三）劳动精神与工匠精神

工匠精神是每一位不甘于平庸的劳动者在平凡的工作中不断对自己提出更高要求，并不断自我超越、自我提升、自我完善，始终追求做更好的自己时所表现出的工作态度、工作境界、工作习惯以及整体工作精

① 乔东．劳模精神、劳动精神和工匠精神探析［J］．中国劳动关系学院学报，2019，33（5）：35-42.

神面貌。[①]

劳动精神和工匠精神是共性和个性的关系。劳动精神是所有劳动者的共性，每一位劳动者都应该有劳动精神。工匠精神则揭示了不甘于平庸的劳动者的个性，是成就优秀劳动者的必要条件。

总结起来说，劳动精神是基础，劳模精神是方向，工匠精神则是劳动者的个性体现。

第二节　劳动精神具有强大的精神动力

一、高度重视劳动精神的时代价值和历史作用

（一）劳动精神的时代价值

实现中华民族伟大复兴的中国梦是伟大而艰巨的事业，需要广大德智体美劳全面发展的社会主义劳动者为之努力奋斗，培育和弘扬劳动精神具有重要的时代价值。

1. 劳动精神为实现中华民族伟大复兴中国梦提供丰富精神资源

人们通过劳动实践不断创造丰富的文化并形成相应的心理认同。在劳动过程中，人类的物质财富得以创造，精神境界也得以提升。劳动创造了整个人类的全部历史。劳动是一切财富、价值的源泉，更是幸福的源泉。劳动者身上所承载的劳动精神是在长期实践中所凝结形成的特质，蕴含着时代元素，发挥着价值导向作用。包括劳动精神在内的中国精神，是推动中国特色社会主义现代化建设，实现中华民族伟大复兴中国梦的

① 乔东．劳模精神、劳动精神和工匠精神探析［J］．中国劳动关系学院学报，2019，33（5）：35-42.

丰富精神资源。大力弘扬新时代劳动精神，能够充分调动和激发劳动者劳动的积极性、主动性和创造性，促进他们将个人的梦想融入中国梦的大视野下，努力在实现中国梦的实践中展现出彩人生。

弘扬新时代劳动精神有利于形成热爱和崇尚劳动的良好社会氛围，鼓励和带动广大劳动者形成积极和辛勤劳动的自我内驱力，进而增强内心的认同感、责任感和使命感，积极投身社会主义现代化建设事业。

2. 劳动精神为凝聚民族精神和时代精神提供思想基础

以爱国主义为核心的民族精神是中华民族赖以生存和发展的精神纽带，是中华民族之魂魄，是中国精神之根脉。以改革开放为核心的时代精神是当代中国人民新的精神风貌和优良品格，是中国精神的时代特征。

劳动精神是民族精神、时代精神的重要组成部分和具体体现，是支撑我们传承中华优秀传统文化、弘扬革命文化和社会主义先进文化的精神基石。具体而言，弘扬劳动精神有利于激发劳动人民的创造精神，助推新时代改革开放的全面深化；有利于激发劳动人民的团结精神，凝聚新时代现代化建设的磅礴力量；有利于激发劳动人民的奋斗精神，提升实现中华民族伟大复兴中国梦的精神动力。弘扬劳动精神可以为我国劳动人民的自由全面发展提供正确的民族观、国家观、社会观和个人价值导向，激发他们的爱国主义情怀，使他们以更加自觉的意识、更加主动的姿态、更加有效的劳动投身于社会主义现代化建设实践。

3. 劳动精神有利于在全社会营造热爱劳动的浓厚氛围

劳动精神的培育和宣传可以对人们的劳动实践形成鼓舞、激励的反作用，继而调动劳动人民的积极性，提升劳动人民爱岗敬业的优良社会风气，汇聚起“劳动托起中国梦”的强大正能量。

弘扬劳动精神强调榜样和示范引领，可以在全社会形成一种道德感召，给劳动者一种精神激励，有利于广大劳动人民自觉认识事物，化解矛盾，形成和谐的人际关系和文明的社会风尚。当前，我国经济发展方式正在深刻转变，经济结构正在深刻调整，弘扬劳动精神，增强劳动者的思想觉悟，有利于帮助劳动者获得职业认同感，有利于激发他们建设中国特色社会主义的热情和干劲，有利于在全社会营造热爱劳动的浓厚氛围。

（二）劳动精神的历史作用

在几千年的历史长河中，中华民族辛勤劳作、发明创造，正是劳动创造了华夏文明的辉煌历史，建设了气势恢宏的伟大工程。中华民族所取得的一切成就，无不是通过无数劳动者一砖一瓦、一点一滴建设起来的。正是无数劳动者的辛勤劳动、无悔付出，才成就了今日中国的一切美好。

中华优秀传统文化是新时代劳动精神的文化基因和思想源泉，新时代劳动精神则将几千年来的中国传统文化作为“活”的灵魂融入了时代精神之中，代表了一个时代的价值观和道德观，展示了中华民族勤劳勇敢、吃苦耐劳的崇高品格，体现了中华民族与时俱进、开拓创新的精神文化风貌，高扬了中华民族的文化自信和理论自觉。

社会主义中国不仅要高举劳动光荣的旗帜，还要对劳动者充满敬意和关怀，积极弘扬劳动精神。要通过弘扬劳动精神，使广大劳动人民感知劳动的深厚历史价值：劳动创造了整个人类的全部历史。劳动是人类的本质活动，劳动光荣、创造伟大是对人类文明进步规律的重要诠释。中华民族的勤劳、朴实不仅造就了中华五千年的文明史，更成就了今天中国特色社会主义的辉煌成就。

二、弘扬劳动精神是新时代青少年劳动教育的迫切需求

2018 年，习近平总书记在全国教育大会上指出，要在学生中弘扬劳动精神，教育引导学生崇尚劳动、尊重劳动，懂得劳动最光荣、劳动最崇高、劳动最伟大、劳动最美丽的道理，长大后能够辛勤劳动、诚实劳

动、创造性劳动。将劳动教育与德智体美教育放到同等重要的地位，强调了弘扬劳动精神在青少年成长过程中不可或缺的作用。

勤劳勇敢一直是中华民族的传统美德，影响着一代又一代的青少年健康成长。但是，一段时间以来，随着我国经济社会发展水平的不断提升，在社会转型阶段，青少年劳动教育也存在一些问题。

一是对劳动的意义认识不够。一些青少年在成长过程中，父母和师长帮助其解决了诸多学习、生活和工作中的问题，致使部分青少年产生极强的依赖性，缺乏基本劳动意识和劳动观念，缺乏对劳动价值和意义的理解。二是劳动态度浮躁。由于受多元文化和价值观念的冲击，部分人逐渐淡忘了艰苦奋斗、辛勤劳动等中华传统美德，劳动态度消极，怕苦怕累，期望不劳而获，对待各种实践活动“应付了事”，干事浮躁、投机取巧，缺少脚踏实地的干劲。三是劳动价值取向功利化。由于社会上一些对物质利益和经济利益极致追求的现象没有及时得到制止，导致部分青少年产生功利化的劳动价值取向。利益驱动成为他们从事劳动的唯一动力，若无利可图，根本就不愿意劳动；即使参加了劳动，也是消极地对待、敷衍了事。在这种情形下，劳动的意义和价值逐渐被淡化。新时代劳动教育迫切需要弘扬劳动精神。

要积极弘扬劳动精神，促进青少年形成正确的世界观、人生观、价值观。通过劳动教育，使学生能够理解和形成马克思主义劳动观，牢固树立劳动最光荣、劳动最崇高、劳动最伟大、劳动最美丽的观念；体会劳动创造美好生活，体认劳动不分贵贱，热爱劳动，尊重普通劳动者，培养勤俭、奋斗、创新、奉献的劳动精神；具备满足生存发展需要的基本劳动能力，形成良好劳动习惯。

三、建设社会主义现代化强国必须以劳动精神作支撑

党的十八大以来，中国特色社会主义进入新时代，我国的发展阶段、

发展环境、发展条件都发生了全面而深刻的变化。建设社会主义现代化强国，不可避免地会遇到难以预料的困难和挑战，需要攻坚克难、百折不挠的精神动力，需要共同价值追求和强大思想保证。劳模精神、劳动精神、工匠精神将成为建设富强民主文明和谐美丽的社会主义现代化强国的精神动力，成为我国经济长期稳定增长的力量源泉。

新时代劳动精神以马克思主义劳动思想为理论根基，植根于中国特色社会主义制度和新时代的伟大实践，凝聚着传统文化的精华，代表着先进的文化成果，是时代精神的应有之义。它激励着全国各族人民团结奋斗、勇往直前，成为鼓舞中华儿女奋力实现中华民族伟大复兴中国梦的强大精神力量。

第三节　弘扬劳动精神必须创新方式方法

精神的意义在于实践。实现中华民族的伟大复兴，需要各行各业建设者辛勤和智慧的劳动。而要在全社会弘扬践行新时代劳动精神，就必须紧跟时代步伐，顺应劳动者新变化，创新方式方法，营造系统施策、齐抓共管、多方发力的良好社会氛围。

一、学校要把劳动精神教育列为必修课

（一）牢固树立劳动精神理念

榜样的力量是无穷的，榜样教育具有示范、激励、导向、调整、自律和矫正等多种功能。一种价值观要真正发挥作用，必须融入社会生活，让人们在实践中感知它、领悟它。劳模精神、工匠精神是劳动精神在当今时代的典型化身，要通过制度设计和安排，邀请劳动模范和工匠人才担任青少年的辅导员。通过让他们走上大中小学的讲台，走进青少年的

生活，与青少年打成一片，更好地传授劳动技能，传播劳模精神、劳动精神、工匠精神，使劳动精神理念在青少年心中生根发芽。要积极发挥劳动精神的引导作用，帮助青少年树立正确的劳动价值观和良好的劳动品质。牢固树立劳动精神理念，可以从以下几方面着手。

一是牢固树立全面发展的教育理念。劳动精神的培养是实现人的全面发展的基础；是学生自我发展、自我完善的重要途径。学校必须转变传统理念，加强教学改革，从办学理念、办学体系、学科设立、专业开设、课程设置等方面积极满足学生全面发展的要求，突出劳动精神培养在整个学校教育中的重要地位。

二是深入挖掘课程中的劳动精神元素。学校要积极挖掘专业课程中包含的劳动精神元素。既要加强对马克思主义劳动价值观的解读，也要结合时代特征增加对创新劳动的介绍，借鉴国外劳动教育的精髓，对课程进行具体化、趣味化和生活化的设计，不断引得学生建立对劳动意义和价值的正确认识，培养学生热爱劳动、尊重劳动、努力向劳动人民学习的思想意识，坚持吃苦耐劳、脚踏实地、辛勤劳动的传统美德，从而提升学生对劳动情感的认同度、对劳动意志的内化度、对劳动行为的自觉度。

三是在校园文化活动中嵌入劳动精神内容。将各类校园文化活动与劳动精神培养有机结合，立足校园开展卫生保洁、绿化设计、宿舍美化、校园风貌整治等公益劳动，开展劳动主题实践体验活动，使劳动精神的培养常态化、劳动精神的树立有序化、劳动精神的宣传规范化。[①]

（二）大力推动劳动精神进课堂

课程教育在学生的成长成才过程中有着重要的导向作用，什么样的课程体系决定培养什么类型的人才。要大力推进劳动教育进入学校课程

---

① 黄燕．新时代劳动精神的生成逻辑、核心内涵与弘扬路径［J］．思想理论教育，2019（1）：97-100.

体系、培养方案。

小学低年级学生应当以个人生活起居为主要内容，开展劳动教育，注重培养劳动动手能力和劳动安全意识，使学生懂得人人都要劳动，感知劳动乐趣，爱惜劳动成果。要让学生通过学习个人物品整理、清洗，进行简单的家庭清扫和垃圾分类等，树立“自己的事情自己做”的意识，提高生活自理能力；通过积极参与班级集体劳动，主动维护教室内外环境卫生等，培养集体荣誉感；通过进行简单手工制作，照顾身边的动植物等，学会关爱生命、热爱自然。

中高年级应当开展以校园劳动和家庭劳动为主要内容的劳动教育活动，使其在劳动中体会劳动光荣，尊重普通劳动者，初步养成热爱劳动、热爱生活的态度。学生通过参与家居清洁、收纳整理、制作简单的家常餐等，增强生活自理能力和勤俭节约意识，培养家庭责任感；通过参加校园卫生保洁、垃圾分类处理、绿化美化等，增强公共服务意识；通过初步体验种植、养殖、手工制作等简单的生产劳动，学会与他人合作劳动，懂得生活用品、食品来之不易，珍惜劳动成果。

初中学生应当兼顾家政学习、校内外生产劳动、服务性劳动，在参与劳动教育内容、开展劳动启蒙教育中体会劳动创造美好生活，能够养成认真负责、吃苦耐劳的劳动品质和安全意识，增强公共服务意识和担当精神。通过定期参加校园保洁和美化以及助残、敬老、扶弱等服务性劳动，初步形成对学校、社区负责任的态度和社会公德意识；通过体验包括木工、陶艺、布艺等项目在内的劳动及传统工艺制作过程，参与种植、养殖等生产活动，学习相关技术，获得初步的职业体验，形成初步的职业生涯规划意识。

普通高中学生的劳动教育应当注重丰富职业体验，开展服务性劳动和生产劳动，使学生在参与劳动的过程中体会劳动创造价值，接受锻炼、磨炼意志，具有劳动自立意识和主动服务他人、服务社会的情怀。学生在持续开展日常生活劳动中增强生活自理能力，固化良好劳动习惯；通过选择服务性岗位、经历真实的岗位工作获得真切的职业体验，培养职业兴趣；通过参加大型赛事、社区建设、环境保护等公益活动和志愿服务，强化社会责任意识和奉献精神；统筹劳动教育与通用技术课程相关内容，经历完整的实践过程，提高创意物化能力，养成吃苦耐劳、精益求精的工匠精神品质，增强职业生涯规划的意识和能力。

职业院校学生应当重点结合专业特点，增强职业荣誉感和责任感，提高职业劳动技能水平，树立积极向上的劳动精神和认真负责的劳动态度。通过持续开展日常生活劳动、自我管理生活，提高自立自强的意识和能力；通过定期参加校内外公益服务性劳动，在维护校园环境秩序的同时运用专业技能为社会、为他人提供相关公益服务，培育社会公德，厚植爱国爱民的情怀；通过实习实训，参与真实的生产劳动和服务性劳动，增强职业认同感和劳动自豪感，树立不断探索、精益求精、追求卓越的工匠精神和爱岗敬业的劳动态度，坚信“三百六十行，行行出状元”，劳动不分贵贱，任何职业都很光荣、都能出彩。

普通高等学校学生应当强化马克思主义劳动观教育，注重围绕创新创业，结合学科专业开展生产劳动和服务性劳动，积累职业经验，培育学生创造性劳动的能力和诚实守信的合法劳动意识。要使学生在掌握通用劳动科学知识的同时深刻理解马克思主义劳动观和社会主义劳动关系，树立正确的择业就业创业观；通过养成良好日常生活劳动习惯，独立处理个人生活事务，积极参加勤工助学活动，提高劳动自立自强能力；通过参与服务性劳动，参与教室、食堂、校园场所的卫生保洁、绿化美化和管理服务等，强化公共服务意识和面对重大疫情、灾害等危机主动作为的奉献精神；通过参与生产劳动锻炼，积极参加实习实训、专业服务和创新创业活动，重视新知识、新技术、新工艺、新方法的运用，提高在生产实践中发现问题和创造性解决问题的能力，在动手实践的过程中创造有价值的物化劳动成果。

积极落实劳动精神实践，可以从以下方面着手。

第一，深化校园实践基地，发挥校园资源潜力。形式多样的劳动教育方式是推动劳动精神教育实践的有效手段，可以为青少年扣好“人生第一粒扣子”，让劳动最光荣、劳动最崇高、劳动最伟大、劳动最美丽的价值观念入脑入心。深化劳模和大国工匠进校园活动，推动将“劳模进校园”“大国工匠进校园”活动作为大中小学生的劳动教育课程，计入课时，推动大中小学选聘劳模、大国工匠担任兼职辅导员。在劳动教育师资队伍上，要设立劳模工作室、技能大师工作室、荣誉教师岗位等，聘请相关行业专业人士担任劳动实践指导老师。

第二，借助舆论导向助力，营造劳动文化氛围。提升舆论导向，营造浓厚的劳动文化氛围，对弘扬劳动精神至关重要。具体而言，学校要重视培育劳动精神的文化气息，为学生劳动价值的塑造创造良好环境，利用校园劳模雕塑、图书馆书刊、学校传媒、文化标识等，打造多元化的劳动文化实体，将劳动文化与特色专业设置、基础课程开发、校内校外实践等结合起来。利用学校媒体与社会媒体，加大劳动精神的宣传力度，拓展宣传渠道，推进时代劳模与行业匠人进校园，增强学生对榜样的学习欲望，促使其更好地施展自身才华，实现自我价值①。

第三，建好劳动实践基地，加大场域资源共享。社区、企业、部队、乡村等校外场域中蕴含着丰富的劳动精神培育资源，要积极组织学生到这些校外场所开展社会调查、务农劳动、社区服务、公益劳动和勤工助学等活动，将教育同生产劳动和社会实践相结合，在实践中培养学生热爱劳动、珍惜劳动成果的思想感情、行为习惯和艰苦奋斗的作风。

第四，结合创新创业，改进劳动教育方式。开展多种形式的劳动教

① 邓旭升，程娟．新时代劳动精神培育的逻辑脉络、价值内核、困囿与路径［J］．中国职业技术教育，2020（33）：60-66.

育，将劳动精神培育与学生喜爱的创新创业活动、探究性学习、研学旅行、传统手工制作等相结合，课程、师资、专业、实践教学都要围绕学生劳动精神培养的实际需要，提高学生在思维方法和实践操作等方面的能力，鼓励教师用新理论、新知识、新技术更新教学内容，切实为学生劳动精神的建构和创新能力的增强提供保障。

第五，结合就业教育，引导学生树立正确的劳动观。学校应结合就业教育，鼓励学生积极主动地参与就业，使学生把劳动分工的正确认识转化为具体的劳动行为，这不仅有利于解决当前学生就业难问题，也是学生对自己的劳动认知、劳动情感转化为具体劳动行为的检验①。

二、家庭重视对孩子的劳动精神启蒙

发挥家庭在劳动启蒙教育中的基础作用。家庭是“劳动创造一切”观念得以形成和巩固的基地，其有异于学校和其他社会单位，是开展劳动启蒙教育最简便易行也是最有成效的地方。劳动启蒙教育是劳动精神的培养基础和关键，是“三位一体”教育任务实施主体的基点，必须重视家庭在劳动启蒙教育中的基础性和关键性作用。家庭劳动教育须做到以下两点：

第一，注重日常生活中每一次细小的劳动实践机会，鼓励孩子自觉参与、自己动手，随时随地、坚持不懈地进行劳动，要使劳动成为孩子的一种“下意识”行为。劳动启蒙教育越早进行阻力越少，效果越好。孩子的天性就是喜欢动手，要让他们把劳动当成一种有趣的游戏，而非所谓的负担。基于此，家长应该学会因势利导，鼓励孩子重复练习并习得劳动行为，增强他们的独立意识和自信心②。

---

① 黄燕．新时代劳动精神的生成逻辑、核心内涵与弘扬路径［J］．思想理论教育，2019（1）：97-100.

② 赵艳红，张旸．劳动启蒙教育实施的现实困顿与实践路径［J］．武汉交通职业学院学报，2020（4）：25-29+80.

第二，树立爱劳动的好家风，为劳动教育创造良好的家庭氛围。家庭中深厚的劳动氛围本身就是无声的劳动教育。如果家长不热爱劳动是很难培养出爱劳动的孩子的，一个行动胜过千句语言。家长不仅自己要劳动，还应该让孩子看到、感受到，使其受到影响和熏陶。每个家庭都可以制作一些家训和家规，一代又一代地传承下去，比如自己的事情自己做、做家务劳动光荣、会劳动的人受尊重等。

要发扬家长在劳动精神培育中的关键。首先，家长要重视劳动过程，而不是劳动结果。让孩子参加劳动的目的是通过劳动促进孩子发展，比如动手动脑、遇到困难要坚持、珍惜劳动成果、与家长交流互动等，至于劳动本身的结果并不重要，特别是对小的孩子做比较复杂的劳动。重要的是，让孩子在劳动中树立劳动意识，学会坚持劳动。

其次，家长要重视劳动教育的育人功能。“培养什么人”是教育的根本问题，家长要善于挖掘劳动教育的内涵，引导孩子体会到劳动是要付出辛苦的、不劳而获是不光彩的、劳动可以创造美好生活、自己劳动所得最珍贵等。让孩子懂得劳动无比光荣、无比自豪。

再次，家长要树立劳动启蒙教育绝不只是传统的“活计”（泛指各种体力劳动）的意识教育。劳动的内涵已经随着经济社会的发展而不断变化和丰富，因此，家长要顺应时代的变化、社会的发展以及人的全面发展的需要，把家庭中的劳动启蒙教育放到更宏大的视野中去考量。如家长可以采用数字化劳动启蒙教育手段，与孩子一起观看《大国工匠》等影片或新闻采访，使其体悟劳动之重要、劳动者的光荣，这是新时代劳动启蒙教育的重要手段。

最后，家长应当与时俱进，创新劳动教育。随着社会的发展，劳动的内容与方式也会发生变化，劳动教育必须与时俱进，适应社会发展，不断体现时代精神。比如我国的服务业发展很快，有很多劳动越来越专业化，家政服务、网上购物越来越发达便捷，家长也没有必要非让孩子用传统的方式来学习。但是，要抓住劳动教育的根本，要让孩子懂得尊重别人的劳动，要让他树立劳动最光荣的理念，要让他知道每个人都是社会的劳动者、劳动没有贵贱之分、不劳而获是可耻的等道理。

三、社会营造有利的劳动精神氛围

增强劳动认同，营造新时代劳动精神的社会氛围。所谓劳动认同，一方面，表现为劳动者自身在情感上、价值上对自我存在方式、自我价值实现的确证；另一方面，涵盖社会、他人对劳动个体的认知和态度。劳动认同关乎新时代劳动精神的培育，关联社会主义核心价值观的践行，关系两个一百年奋斗目标和中华民族伟大复兴中国梦的实现。要增强劳动认同感，营造弘扬新时代劳动精神的社会氛围。

一是要积极弘扬新时代劳动精神。鲜明、正确的价值导向是维持一个社会和谐有序发展的重要前提，劳动认同的重构要同社会主义核心价值观的培育和践行结合起来。新中国的建立使劳动者的主体地位得以彰显，改革开放的推进使劳动者的生活更加丰富，中国特色社会主义伟大事业的建设使劳动者的生活更加全面。在这些丰厚成果的背后，还存在着重资本轻劳动、重效益轻保障等一系列现实问题，深入考察问题背后的逻辑，与现代社会多元价值观的冲击、全球资本霸权的影响以及消费主义盛行的自我迷失等因素不无关联。因此，新时代劳动精神的培育要切实发挥社会主义核心价值观的引领作用，继承和发扬热爱劳动、辛勤劳动的优良传统，大力倡导劳动光荣、劳动伟大的价值导向，着力构建劳动最光荣、劳动最崇高、劳动最伟大、劳动最美丽的劳动意识。

二是要开展多种形式的劳动精神宣传教育。随着开放的加深、交往的扩大、信息化的推进，以资本至上为代表的消费主义、享乐主义等西方价值观念同我国集体主义、倡导奉献精神等传统美德产生激烈碰撞，劳动最光荣的时代强音和社会主旋律受到一些人的质疑。因此，劳动精神的培育要注重传统资源与网络媒体的有效整合：一方面，要主动占领宣传阵地，加强思想教育，强化弘扬劳动精神的教育引导。借助微信、微博、短视频 App 等社交平台，将劳动教育融入人们的日常生活，通过弘扬劳模精神、劳动精神、工匠精神，让更多的人意识到社会发展、生活改善离不开劳动者的奉献和付出。另一方面，及时应对变化，做好把关工作，强化应对负面舆论的监督引导，形成激浊扬清的正面舆论氛围，针对贬低、轻视、误解劳动者及劳动精神的现象和事件作出正面回应和反击。

三是要营造崇尚劳动的良好劳动文化氛围。马克思认为，人创造环境的同时，环境也创造了人。劳动环境对劳动者的影响潜移默化、持久深远。广大劳动者在切实的劳动实践中创造着富有自身特征的劳动文化，既体现了劳动者对日常劳动行为的内在要求，又体现了劳动环境对劳动者的劳动热情和创造活力的激发与促进，新时代劳动精神的培育可以通过对各领域劳动发展史的学习、丰富多样的劳动文化活动的开展等方式来进行，营造尊重劳动、崇尚劳动、热爱劳动的良好文化环境，从而提升劳动者的劳动情怀，使劳动者形成正确的劳动价值观①。

鼓励劳动创造，推进新时代劳动精神的实践养成。劳动不仅是自主的实践活动，而且是创造性的实践活动，蕴含着浓厚的历史意义和鲜明的时代特征。新时代要倡导和鼓励劳动创造，必须着力做好以下三方面工作。

一是为劳动者提升创新素质提供平台。在思想文化日益进步的新时代，我国社会正处于全面深化改革的攻坚时期，以市场为导向、以创新为动力的发展使我国企业面临着日趋激烈的产业竞争，让我们深刻感受

---

① 赵浚，田鹏颖．新时代劳动精神的科学内涵与培育路径［J］．思想理论教育，2019（9）：98-102.

到缺乏创新性劳动的社会是无法良好运转的，摒弃资本主义“异化劳动”，恢复自由自觉的劳动本质，要从劳动者自身素质的提高出发，知识型、技术型、创新型劳动者的培育需要学校、政府、企业和社会形成有效的联动机制，整合、优化劳动教育资源，开展多种形式的就业、创业培训，建立健全持证上岗制度、薪酬制度等，积极引导劳动者树立正确的劳动观，有效提高劳动者的职业素质与能力，从而为企业创新发展积聚人才优势。

二是为劳动者激发创新热情创造良好环境。中国特色社会主义进入新时代，社会稳定、经济繁荣、国力昌盛的背后，是广大劳动者的付出与贡献。随着劳动人民生活水平的提高，生产安全问题、职业病高发问题、安全卫生立法问题成为广大劳动者极为关切的现实问题，应通过提供舒适的工作环境、建立心理辅导咨询机构、建立健全劳动参与机制等方式改善劳动者工作条件，提升劳动者的待遇和地位，从而更好地激发劳动者的工作热情与创新活力，推动知识创新和技术创新，实现劳动者的素质提升向现实生产力转化。

三是为劳动者开展创造性劳动提供政策支持，在大众创业、万众创新的时代背景下，劳动者既要具有精益求精的工匠精神、艰苦奋斗的劳动精神，还要具有勇于创新、追求卓越的时代品质。创造性劳动从价值观转化成人们的自觉行动、从精神领域转化到物质领域，制度安排和规范设计是极为必要的环节。劳动者自身素质的提高、工作条件的改善，为劳动、知识、技术、管理和资本的活力竞相迸发提供了前提条件。破除制约创新驱动发展的体制机制、完善政策和法律法规、创造有利于激发创新活力的体制环境，是创造性劳动得以实现的重要保障。

新时代劳动精神的培育要在强化劳动者创新意识和创新思维的基础上，促使劳动者在不断追求卓越、超越自我的过程中提升自身的创新能力，从而为建设社会主义现代化强国提供强劲的发展动力①。

完善劳动制度，构建新时代劳动精神的培育机制。我国作为一个拥有庞大产业工人队伍的发展中国家，建设高素质、创新性、协作性的劳动者队伍，是我国步入现代化强国的关键，是实现产业振兴的需要。建设高素质劳动者队伍不仅需要思想和理论的创新，更需要制度的完善。新时代劳动精神的培育，需要保护劳动者合法权益、提高劳动者积极性、强化劳动者制度保障：

一是建立高效统筹协调机制，为劳动精神培育提供顶层设计保障。新时代劳动精神的培育作为一项系统工程，要构建政府主导、企业参与的全员化、全过程、全方位的统筹协调机制。比如，为劳动者入职提供技能培训，对保护劳动者合法权益提供有效引导；完善就业创业联动机制，为劳动者创造更多工作岗位，消除就业障碍和歧视；建立公平公正的社会保障制度，整合养老保险和医疗保险，实现城乡统筹和共享共富；健全社会救助体系和保障性住房制度，完善最低生活保障机制。

二是建立劳动产权保障机制，为劳动精神培育提供制度依据。劳动人权是劳动者真正占有劳动成果的权利，也是劳动者作为劳动主体实现体面劳动、充分就业的权利。劳动产权是劳动者的剩余索取权。随着产权明晰化推进、劳动用工制度和工资制度的变革，将从财产关系上保障劳动者的合法权益、调动劳动者的积极性和主动性。劳动产权制度作为劳动者各项合法权益的重要保障，对新时代劳动精神的培育有着重要作用，并进一步促进劳动者从体面劳动走向共同富裕。

三是完善按劳分配薪资机制，为劳动精神培育提供科学合理激励支撑。分配制度事关广大劳动者的切身利益和劳动积极性的有效发挥。因此，应完善收入分配机制，提高劳动报酬在初次分配中的比重；完善再

① 赵浚，田鹏颖．新时代劳动精神的科学内涵与培育路径［J］．思想理论教育，2019（9）：98-102.

分配调节机制，建立公共资源出让收益合理共享机制；在具体政策、劳动报酬制度等方面不断提高劳动者的地位，使劳动者获得应有的劳动报酬和劳动保障，努力使劳动者的根本利益得到最大限度的实现，促进社会主义和谐劳动关系的形成①。

---

① 赵浚，田鹏颖．新时代劳动精神的科学内涵与培育路径［J］．思想理论教育，2019（9）：98-102.

第五章　劳动伦理教育

第一节　劳动伦理的本质与意义

劳动是劳动者借助劳动工具，在一定的社会环境中作用于劳动对象的实践活动，是人类最基本的社会活动，它是人类生存和发展的基础。在劳动实践过程中，人类与动物逐渐区别开来，劳动不仅提高了人类各种生产实践的能力，同时也使人类在道德上不断丰富。劳动者参加劳动的过程涉及人及人性，促进了劳动伦理的形成。虽然社会、经济、政治等状况对劳动者道德意识的形成和发展起着决定性的作用，但是劳动者的道德水平反过来对生产同样也有着重要的影响。所以说，劳动不仅是一种生产实践活动，更是一种深含伦理意义的道德活动，研究劳动伦理的发展有着重要的理论意义和现实意义。

一、劳动伦理的本质

中国古代的伦理道德思想高度发达、源远流长，其发端最早可追溯到上古时代，《尚书·尧典》中便论述了孝的伦理规范。成书于西汉的《乐记》总结了先秦时期儒家的音乐美学思想，其中明确提到了伦理，目的在于使音乐与伦理教育相配合，为统治者的文治武功服务。与先秦大致处于同一时期的西方社会也在进行对伦理道德的研究，大约在公元前330年，古希腊哲学家亚里士多德的著作《尼各马可伦理学》成书，这是人类思想历史上关于伦理学体系的奠基作。这个体系既构成了西方关于人的生命、生活，即所谓人生问题的伦理学思考的大传统，也构成了整个人类的伦理学和道德哲学理论的主要基础。[①]《现代汉语词典》（第7版）中对伦理的定义如下：人与人相处的各种道德准则。因此，劳动伦理就是将这些道德准则运用到劳动领域中去。关于劳动伦理的本质，可以从以下三个方面来论述。

首先，从劳动主体来看，每一个劳动者都有着自己的主体意识，其从事的劳动活动也都是基于自身的价值判断和选择。因此，劳动伦理关系必然是发生在人与人之间的。在劳动过程中，人与人之间形成了各种各样的关系，才会产生相应的伦理道德规范来对这些关系进行调节。一般而言，劳动伦理所调节的范围主要包括劳动者的劳动过程以及劳动者劳动成果的分配等。也正是因为劳动者在劳动过程中占据着主体地位，所以说劳动所带有的伦理性质是内含其中的。

其次，从劳动过程来看，也能够体现劳动所具备的伦理性。劳动过程是劳动者运用劳动资料对劳动对象进行加工，生产使用价值的过程，它是人类生活永恒的自然条件。从劳动过程的定义来看，劳动过程包含至关重要的三个因素，那就是劳动者、劳动资料以及劳动对象。劳动者就是上述所提到的劳动主体，因此，在劳动过程中一定有作为劳动主体的个人的价值判断蕴含其中，而且由于各个主体的价值判断与伦理道德要求不尽相同，导致劳动结果也受到影响。

最后，从劳动结果来看，劳动者通过劳动过程，最后不仅仅是创造出了许许多多的劳动产品，而且留下了在劳动过程中逐渐形成的伦理关系规范，这对后人来说是一笔宝贵的精神财富。当然，这种伦理关系规范并不是一成不变的，随着时代的进步以及劳动者主体意识的不断发展，这种劳动伦理关系也在相应地发生变化。

---

① 廖申白.《尼各马可伦理学》导读［M］. 成都：四川教育出版社，2005：2-3+39.

我们从上面三个维度的分析能够看出，劳动中深深蕴含着伦理本性。在进一步探究劳动伦理的本质方面，我国学术界主要有两派观点，一为道德原则说，二为道德关系说。道德原则说认为，劳动伦理是对劳动关系中道德现象的概括，主要是指在劳动中人与其他诸要素之间应当遵守的道德准则，主张劳动伦理是劳动中诸关系的原则协调。道德关系说认为，劳动伦理是对劳动中各种道德关系的反映，是以善恶评价为标准，依靠社会舆论、传统习俗和人的内心信念的力量来调整劳动关系的行为规范；劳动伦理以平衡劳动关系、保护劳动者权益为主要特点，贯穿于劳动关系的各个方面。

其实，无论对劳动伦理如何表述，核心就在于立足人的自由存在、人的全面发展和社会全面进步的本质。对社会生产活动和社会劳动关系进行伦理检审与伦理价值层面的考量，旨在守护劳动中人的价值，维护人的生命尊严，实现人的自由和全面发展。对此，马克思在《1844 年经济学哲学手稿》中已有阐发。马克思说：劳动这种生命活动、这种生产生活本身对人来说不过是满足一种需要即维持肉体生存的需要的一种手段……而自由的有意识的活动恰恰就是人的类特征。①

二、劳动伦理的意义

劳动作为人类生存发展的第一需要，在人们的日常生活中占据着重要的地位。正如马克思所说，整个所谓世界历史不外是人通过人的劳动而诞生的过程，是自然界对人来说的生成过程。② 因此，解决好劳动过程中必然会涉及的劳动伦理关系，对于推动人类社会的发展有着重大的意义。

---

① 马克思 . 1844 年经济学哲学手稿［M］. 北京：人民出版社，2000：57.

② 马克思恩格斯文集：第 1 卷［M］. 北京：人民出版社，2009：196.

（一）劳动伦理是人类道德体系中的重要一环

劳动是人类所特有的，为满足自身的物质和精神需要，有目的地调整和控制人和自然界之间的物质变换过程的一种改变自然物的社会实践活动。与蜜蜂筑巢、蜘蛛织网捕食不同，这些动物的行为都出于它们自身的本能，而人类的劳动行为都是在自觉意识支配下的能动的活动。正如马克思所指出的那样，蜘蛛的活动与织工的活动相似，蜜蜂建筑蜂房的本领使人间的许多建筑师感到惭愧。但是，最蹩脚的建筑师从一开始就比最灵巧的蜜蜂高明的地方，是他在用蜂蜡建筑蜂房以前，已经在自己的头脑中把它建成了。[①] 因此，人类的劳动行为中必然蕴含着他们自身的个人价值判断，也正是在这种最基本的实践活动——劳动过程中，劳动者不断调整自身与他人之间的关系，渐渐形成了劳动中的伦理道德。劳动者通过劳动改造着世界，因此他们是社会历史实践的主体，同时他们也是道德活动的主体。没有劳动，人类就无法成为人类，伦理道德等与人相关的概念自然也不会产生了。所以说，劳动伦理是伴随劳动这种人类最基本的实践活动而产生的，这种与劳动相关的伦理道德规范与人类社会道德体系中的其他方面之间有着千丝万缕的联系。

（二）劳动伦理是劳动中道德职能的需要

劳动过程作为最基本的实践活动，往往有着一定的组织形式。在封建社会，很多劳动者都是以家庭为单位进行劳动生产的。随着生产力的发展以及工业的进步，现在的劳动大多以集体的形式而存在。马克思指出，劳动首先是人和自然之间的过程，是人以自身的活动来中介、调整、控制人和自然之间的物质变换的过程……当他通过这种运动作用于他身外的自然并改变自然时，也就同时改变他自身的自然……他不仅使自然物发生形式变化，同时他还在自然物中实现自己的目的，这个目的是

① 马克思恩格斯选集：第2卷［M］. 北京：人民出版社，2012：170.

他所知道的，是作为规律决定着他的活动的方式和方法的，他必须使他的意志服从这个目的。但是这种服从不是孤立的行为。除了从事劳动的那些器官紧张之外，在整个劳动时间内还需要有作为注意力表现出来的有目的的意志，而且，劳动的内容及其方式和方法越是不能吸引劳动者，劳动者越是不能把劳动当作他自己体力和智力的活动来享受，就越需要这种意志。[①] 通过马克思的论述能够看出，劳动使人类产生了道德上的需要。应用到今天的劳动实践过程中，这种起初产生于劳动者个人的劳动道德已经更多地以劳动集体的道德表现出来了。在这样的劳动集体中，劳动者个人会与他人形成一定的社会联系，此时这种关系已经不仅仅局限在劳动过程中了，对职业选择、职业规划等各方面都有影响。因此，在当前这种劳动集体中，形成良好的劳动伦理道德规范有着十分重要的意义，集体的道德水平的高低对集体中个人的道德发展水平有着深远持久的影响。如果忽视劳动集体伦理道德的建设，那么无论是对劳动者个人，还是对整个社会而言，都会造成不良的影响，不利于建设和谐社会。

劳动伦理不仅仅是当下劳动集体所需，同样也是劳动产品分配中所需的重要道德规范。在劳动过程中，每个劳动者都付出了自己的劳动。当最后预先设定的劳动目标完成之后，对于所得的劳动产品的分配就成了一个关键的问题。在这个分配过程中可能会造成劳动者之间的对立和冲突，在对立过程中，劳动产品分配的规则也就慢慢形成了。所有进入集体中的人都默认遵守这一规则，于是劳动分配中的问题也就减少了。这种分配中所形成的规则，就是劳动道德。劳动产品分配在劳动领域中有着重要的影响，习近平总书记指出，“蛋糕”不断做大了，同时还要把“蛋糕”分好。我国社会历来有“不患寡而患不均”的观念。我们要在不断发展的基础上尽量把促进社会公平正义的事情做好，既尽力而为又量力而行，努力使全体人民在学有所教、劳有所得、病有所医、老有所

① 马克思恩格斯选集：第 2 卷［M］. 北京：人民出版社，2012：169-170.

养、住有所居上持续取得新进展。[①]习近平总书记的这一段话充分说明了在劳动过程中注重形成劳动道德的重要性。

（三）劳动伦理是促进个人全面发展的需要

研究人类的发展史可以发现，正是因为劳动这种实践活动，人类才与动物逐渐区别开来，并且在漫长的人类发展历史中，不断改进生产工具，提高生产力，从而创造更好的物质生活条件。在这个过程中应该看到，不仅仅是人类生存于其中的客观物质世界在变得更好，同时人类自身的认知能力、知识水平以及专业技能等都在不断地提高。所以说，人类是在劳动的过程中不断地发展着自身的。而劳动伦理在产生之后，就会不断调节和订正劳动过程中人与人之间的关系，从而使这样的关系发展更加和谐，这对充分发挥劳动对个人全面发展的促进作用有着巨大的帮助。例如，在劳动伦理规范中，要求劳动者对待工作认真负责。如果劳动者没有做到的话，很可能就面临着被辞退的风险，从而失去获取物质生活资料的手段。因此，在这种劳动伦理道德的作用下，很多劳动者都会尽职尽责地将工作做好，面对工作中遇到的新问题，也都会积极主动地寻找办法去解决。这样下去，在潜移默化之中，劳动者的个人能力也就得到了发展，综合素质获得了提高。所以说，劳动伦理对于促进个人的全面发展起着一定的推动作用。

马克思针对劳动对个人的促进作用提出了劳动本体论。这一理论以及其中所蕴含的辩证法的思想，对其整个劳动伦理思想体系的形成有着重要的奠基作用。马克思的劳动本体论思想指出，从劳动最基础的属性来看，只有人类才能进行劳动，因此劳动是人类所特有的一种活动，而且这种活动是人类自身最本质的活动，是人类维持自己生存状态而必须进行的。只有出于人的内在生命活动的展开及其需要的满足，才是真正

---

① 习近平．切实把思想统一到党的十八届三中全会精神上来［N］．人民日报，2014-01-1（2）．

意义上的属于人类的劳动。劳动是人的创造性活动，劳动是人的展开的对象性活动。在马克思看来，人的劳动是“人在外化范围内或者作为外化的人的自为的生成”[①]。从上述的分析中可以看出，正是通过劳动这种活动，人类才证明了自身的存在，同时也实现了自身更好地发展。所以对于人来说，劳动具有一种本体的意义。劳动对人的生存发展具备重要的意义。可以说，人正是通过劳动证明了自身的存在，同时，人也正是以自身的劳动创造性地实现了自身的发展变化。这一点也凸显了劳动于人的本体意义。劳动和生命展开的深度契合，说明人的劳动生产的重要性。对此，马克思进一步指出，劳动不单单是源自人的肉体需要，甚至摆脱了这种需要时也要进行生产，并且只有在他摆脱了肉体需要时才真正地进行生产[②]。这里马克思将精神生产的重要性体现了出来。所以，马克思为了广大无产阶级劳动者的解放所创立的一整套劳动伦理的思想反映了当时社会中存在的劳资关系之间的问题，为劳动者打破这种固化的壁垒提供了途径和方法。

（四）劳动伦理是我国伦理学学科发展的需要

在中华文明的发展进程中，封建社会形态占据了相当长的一段时期。小农经济是封建社会最基本的经济形态，小农经济以家庭为生产单位，家庭满足自给自足之后，自然不会在社会上再为非作歹了。所以历代的封建王朝都以这种经济模式为根本，加强对广大百姓的控制和压迫。经济基础决定上层建筑，我国古代形成了反映中国古代伦理思想特色的“五伦”原则（父子有亲、君臣有义、夫妇有别、长幼有序、朋友有信），为了维护家庭这种小单位的稳定，其中“三伦”都是调节家庭内部成员关系的行为准则。至于“三纲”（君为臣纲、父为子纲、夫为妻纲），更是将家庭关系严格地进行了规定。受这种封建社会思想的影响，

① 马克思恩格斯全集：第5卷［M］. 北京：人民出版社，2002：320.
② 马克思恩格斯全集：第5卷［M］. 北京：人民出版社，2002：269.

我国的伦理学研究长期都专注于一般的人际关系和道德关系的研究，对于劳动领域的涉及还比较少。[①] 因此，这是一个研究较少的领域，需要对其进行理论与实际的填充。

在新中国诞生之后，我国的伦理学发展有了新的进步，涉及的领域也有了明显的增加。例如，在伦理学原理、应用伦理学等方面有了新的发展。但是由于受当时世界局势的影响，我国在许多方面都以苏联为师，伦理学研究也不例外，造成了伦理学研究中理论与实际联系不强、研究内容不够深入等一系列问题。改革开放之后，中国特色社会主义市场经济迅速发展起来，我国生产力水平获得了巨大的提升，但是与此同时，也出现了越来越多的劳动问题。其中有的问题以我国目前所具备的劳动伦理水平还无法妥善解决，给社会的和谐发展造成了一定的困扰。在这种背景下，我国的伦理学研究也应该跟上时代发展的步伐，扎根于中国社会的实际中，从现实的劳动问题出发，不断丰富和发展自身，解决目前在劳动领域遇到的伦理问题。

（五）劳动伦理对社会的建设发展具有指导意义

除了作用于个人之外，劳动对整个社会的发展同样也起着积极的指导和推动作用。人们在劳动过程中结成了各种各样的关系，马克思说过，费尔巴哈把宗教的本质归结于人的本质。但是，人的本质不是单个人所固有的抽象物，在其现实性上，它是一切社会关系的总和。[②] 也正是因为劳动，人才成为社会的人。因此可以看出，劳动对于整个社会的进步都具备非常重要的作用。习近平总书记指出，人民创造历史，劳动开创未来。劳动是推动人类社会进步的根本力量。[③] 在习近平总书记的论述中，我们能够看到人民在社会历史发展中的主人翁地位，是人民创造了历史。

---

① 王昕杰，乔法容．劳动伦理学［M］．开封：河南大学出版社，1989：13.

② 马克思恩格斯选集：第 1 卷［M］．北京：人民出版社，2012：135.

③ 习近平．在同全国劳动模范代表座谈时的讲话［N］．人民日报，2013-04-29（2）.

人民一方面是社会劳动实践的主人，另一方面也是劳动活动的主人。劳动道德的形成，对于改造整个社会的道德面貌都有着重要的影响。

人类历史发展中经历过多种社会意识形态，不同的社会意识形态往往有着不同的适用于其社会形态的劳动伦理道德思想。一般意义上而言，新的社会形态下的劳动伦理往往比前一个社会形态的劳动伦理具有更加进步的意义。

以资本主义社会为例，资本主义社会代替封建社会是人类发展史上的重要进步，对于生产力的解放有着巨大的推动作用。劳动者与资本家之间不再是过去的人身依附关系，劳动者对自己的劳动力有着一定的支配自由，可以与资本家在市场上进行自由的交易，通过自己的劳动力来换取生活资料，维持个人生命的再生产。随着时代的发展，资本主义社会也在不断调整着劳资关系，通过增加劳动者的福利待遇、给予劳动者股权、规定劳动时间等方式来缓和劳资关系，从而提高劳动者的生产效率。同时，资本主义社会大工业生产的方式用严明的纪律来要求劳动者，这在客观上也促进了劳动者个人品德的进步。经济上的进步带来了思想上的进步，资本主义社会与过去的封建社会相比，生产力有了大幅提高，这就促进了思想文化的繁荣发展，其中也包括伦理道德科学的发展。资本主义社会的劳动伦理道德科学，对社会主义伦理道德的发展也起到了一定的推动作用。除此之外，在现代的西方资本主义社会中，许多企业内部都有工会组织，代表广大工人的利益同资本家进行抗争。马克思劳动伦理思想中所蕴含的劳动辩证法的精髓，强调要实事求是，用发展的眼光看问题。资本主义国家的工会组织也坚持这样的方法和原则，从广大工人的实际利益出发，坚持同资产阶级政府和资本主义企业家进行斗争，推动了资产阶级社会内部工人运动的发展。因此，与落后的封建社会相比，在进入资本主义社会之后，劳动伦理关系有了较为明显的进步。

从人类社会发展形态的角度来看，社会主义社会与资本主义社会相比，在劳动伦理方面又有了更大的进步。

马克思的劳动伦理思想为社会主义建设提供了价值导向。马克思的劳动伦理思想强调，劳动是自由的，是个人生存和发展所必需的，劳动者是神圣的。因此在社会主义社会处理劳动关系时，就要坚持这一核心原则。要建立完善的法制来充分保证劳动者的权益，要引导社会形成崇尚劳动、尊重劳动者的社会氛围，让劳动者感到劳动光荣。马克思的劳动伦理思想强调，应该注重弱势劳动群体的利益。以我国社会主义建设为例，中国共产党是中国工人阶级的先锋队，始终代表的是广大无产阶级劳动者的利益，所以党在执政的过程中就非常注意保护无产阶级劳动者的利益。面对社会资源分布不平衡的问题，党和政府及时调整政策，在再分配领域中更加注重公平，通过累进制的个人所得税等方式来对社会财富进行调节。同时，政府通过转移支付等办法来进行有针对性的扶贫工作，帮助贫困群体改善生活。由此可以看出，劳动伦理在我国社会主义建设中发挥着中流砥柱的作用。

第二节　劳动伦理的基本内涵与特点

一、劳动伦理的基本内涵

劳动伦理是一般伦理规则深入劳动领域的应用和阐发。一般伦理规则是在处理人与人、人与社会、人与自然相互关系时应遵循的道理和准则，是一系列指导行为的规范，而劳动伦理就是将这些道德准则运用到劳动领域中。

回顾我国历史可以发现，在相当长一段时期内，劳动伦理作为一种道德规范，在实际工作领域中发挥着重要的调节作用。从国内来看，对劳动伦理问题较早开始研究的是陈振鹭，他在 1934 年所著的《劳动问题大纲》中以一定的篇幅介绍了劳动问题与伦理学的关系。陈振鹭认为，伦理学的发展都是以道德为标准的，然而随着时代发展的不同，道德的标准也在相应地发生变化，因此劳动行为在任何时候都要紧跟时代步伐，以时代的道德标准来对劳动领域中的行为进行规范，这样的劳动行为对整个社会的道德发展也是有益处的。① 1989 年，王昕杰、乔法容的《劳动伦理学》一书从改革开放后中国劳动关系和道德关系出发，对理论进行修补完善，指出“劳动伦理学是以人们劳动活动、劳动过程中的道德问题为其研究对象的一门新的学科”②，对劳动伦理学进行了较为规范的定义。1994 年，刘进才所著的《劳动伦理学》一书从不同社会形态中劳动伦理具有的不同要求讲起，对劳动伦理的起源进行探究，并介绍了我国现代劳动伦理学的产生和发展过程。他指出，自从有了社会劳动，就产生了劳动关系，也就有了规范和调节这种劳动关系的道德。劳动伦理是对劳动中道德现象的概括，主要是指在劳动中人与其他诸要素之间应当遵守的劳动道德准则。③ 作者在对劳动伦理的起源进行清晰的介绍之后，从劳动者个人在劳动中应具备的劳动道德要求，劳动管理者在管理劳动者过程中的道德要求，对劳动资料、劳动对象以及劳动产品的道德控制等方面对劳动伦理的发展提出了一些建议。

进入 21 世纪之后，随着改革开放进程的不断推进以及社会主义市场经济的蓬勃发展，劳动领域中的问题越来越受到人们的关注。问题催生理论，劳动伦理领域的相关研究也以较快的速度发展起来。马唯杰在《劳动伦理研究》中指出，劳动伦理是以人性需要为价值导向，规范、协调和发展“劳动者—生产要素”关系的一系列价值观念和道德准则。④ 作者对当代中国的劳动伦理问题进行了探究，并对劳动伦理概念进行了辨

① 陈振鹭．劳动问题大纲［M］．上海：大学书店，1934：10.
② 王昕杰，乔法容．劳动伦理学［M］．开封：河南大学出版社，1989：2.
③ 刘进才．劳动伦理学［M］．上海：华东理工大学出版社，1994：9.
④ 马唯杰．劳动伦理研究［M］．苏州：苏州大学出版社，2017：44.

析，然后从劳动要素伦理、劳动过程伦理和劳动价值伦理三个角度对劳动伦理进行了介绍和分析，最终提出解决劳动伦理问题的方法就是建立走向共享发展的体面劳动。

在中国，很多学者都从马克思劳动伦理思想的角度出发，研究劳动伦理的发展过程。马克思并没有给劳动伦理一个明确的定义，但是他在很多著作中都对劳动伦理的思想进行了论述。从马克思的著作中能够看出，他认为劳动伦理关系其实就是因为劳动而产生的伦理关系。马克思的劳动伦理思想在其整个思想体系中有着清晰的发展轨迹，这一思想最初产生于1843—1848年。在这个阶段，马克思从人本主义的角度出发，为广大大众的权利进行了辩护。19世纪50年代后，马克思的劳动伦理思想就进入了第二个阶段。在这个时期，马克思从所能观察到的经济社会现象的表面深入其背后隐藏的各种关系中去，开始从生产关系的角度形成他自己的劳动伦理体系。19世纪60—80年代，是马克思劳动伦理思想形成的第三个阶段。在这一阶段，马克思通过多本著作对资本主义社会的劳动伦理关系进行了分析，并指出了未来社会劳动伦理关系的形态。马克思在劳动伦理关系中的突出观点是，因为劳动者的劳动行为，才产生了劳动伦理关系，而不同的劳动行为，也会产生不同的劳动伦理关系。这里讲的不同的劳动行为，主要是从意识形态领域来划分的。

通过以上的梳理能够看出，劳动伦理不但关注解决劳动领域内出现的各种各样的问题，而且更加深入地对在劳动中结成的人与人之间的关系进行研究。因此，我们可以对劳动伦理进行如下的定义：劳动伦理是劳动者在劳动过程中形成的处理人与人、人与自然、人与社会等关系的道德准则。劳动者作为劳动主体，在劳动伦理的形成和发展变化过程中占据着重要的地位。因此，我们可以思考这样的问题：为什么劳动者需要劳动伦理的产生？我们同样可以从对这个问题的思考入手，探究劳动伦理的内涵。其基本可以从以下四个方面进行定义。

（一）尊严的劳动

尊严这个概念从本质上说是人自身所产生的一种主观感受，但是这种主观感受同时又来源并体现在现实生活当中。从马克思主义的视角来看，人作为一种实践主体，通过劳动这种方式改变客观世界，同时也不断地改造自身的主观世界。因此，劳动不仅是单纯的实践活动，其中还包含着丰富的伦理秩序。

从劳动本身来说，作为人生存的基本方式，劳动在人类发展过程中占据着重要的地位。通过劳动，人类创造了自己生存于其中的客观世界，同时在劳动过程中不断追求更高的精神境界。因此，劳动本身就是一种有尊严的活动，继而从事劳动的劳动者也应该是有尊严的。这种尊严感的获得并不取决于劳动者从事的行业，也不取决于劳动者社会地位的高低，它应该是每一个依靠自身的体力和智力从事劳动的人都应该得到的。

如果想要劳动者将自身的价值更加充分地挖掘和发挥出来，那么让他们在劳动过程中感受到尊严是必不可少的一个条件。当劳动者在劳动中感受到尊严的时候，能对他们心理上形成一种正向的激励，从而使他们感受到劳动的美好，以更大的热情投入劳动中去。当在这种状态下劳动时，劳动者将不再感觉是为了获取生活资料而机械地重复自身劳动，相反，他们能够感觉到对自身价值的一种追求，在这个过程中也能够创造出更大的社会价值。

（二）公平的劳动

劳动者的劳动应该是公平的劳动。我们可以将其概括为劳动公平原则。人类社会在发展过程中，总是在不断追求着公平。中国古代社会中就有了“不患寡而患不均”的思想，因此对于劳动者来说，在劳动过程中所要追求的重要原则之一就是公平。从人类社会发展历史来看，在资本主义社会之前的劳动伦理道德中，对于公平的原则涉及很少；从资本主义社会开始，劳动者在劳动过程中获得了一定的“公平”。

与封建社会相比，在资本主义社会中，劳动者与管理者之间不再是一种人身依附的关系，资本通过构建一种自由买卖的体系，使劳动者将其自身的劳动力作为一种商品放置到市场中进行交换，从而换取生活所需的物质资料。这种买卖并不像过去那样对劳动者起到终身的约束作用，相反它只能维持一段时间。这样看来，劳动者在这个过程中获得了自身地位的提升。对于这种现象，马克思评价道，这种市场上的交换“对卖者也绝不是不公平”①。可以看出，马克思对资本主义社会劳动力可以在市场上进行自由交换的行为给予了肯定，也认可了其中蕴含的一定的公平性原则。

除此之外，在资本主义市场上，资本家以工资这种形式购买劳动者的劳动力，支付给劳动者货币用以维持劳动者的生存及发展所需，客观上说，这样的过程对于劳动者是一种进步。因为在封建社会中，劳动者的劳动力价值被以签订契约的形式一次性地出卖了。在资本主义社会，劳动者能够根据自身脑力和体力的耗费来换取自身劳动力的价值。除此之外，为了获得更多的价值回报，广大劳动者也会不断学习，增加自身的技能，从而提高自己的劳动力价值，在劳动力市场上换取更高的工资。资本家招募劳动者从事资本主义生产的过程，在客观上蕴含着一定的公平因素。在这个过程中，资本家获得了劳动者创造的全部价值，劳动者也得到了维持生存所需的工资作为回报。

与资本主义社会相比，社会主义社会在劳动公平这方面有了更大的进步。用马克思的观点来说，“劳动生产了宫殿，但是给工人生产了棚舍”“劳动生产了智慧，但是给工人生产了愚钝和痴呆”。② 这些观点是马克思对资本主义社会中存在的劳动不公平现象的抨击。在马克思设想的生产中，劳动者的劳动应该是让他们能够感觉到公平的劳动，这种公

① 马克思．资本论：第1卷［M］．北京：人民出版社，2004：226.

② 马克思恩格斯全集：第3卷［M］．北京：人民出版社，2002：269-270.

平性体现在方方面面。例如，劳动者应该拥有平等的机会去选择工作，同时在工作中所得到的回报也应该是公平的，是根据自己劳动价值而得到的，这种回报的获得不应该是由除了劳动者自身劳动能力之外的其他因素所决定的。

劳动公平原则是劳动者在劳动过程中永恒追求的一个话题，它会随着时代的发展而不断地变化，这也是劳动伦理要解决的核心问题。无论是在何种社会形态之下，劳动者所追求的劳动公平大致都有同样的要求。例如，在进行劳动之前的阶段，劳动者应该有自由选择劳动岗位的权利，用人单位不能因为性别、种族等因素而歧视劳动作者，剥夺他们的劳动权利。在进行劳动的过程中，用人单位应该为所有劳动者提供一视同仁的劳动权利方面的保护，比如对于高危工作岗位上的人群，相应的保护设施、保险等都应配备齐全，不能因为其他因素而降低一些劳动者的防护标准。在劳动结束之后，对劳动成果的分配是贯彻劳动公平原则最为明显的一个环节。劳动者理应得到与个人劳动力价值相匹配的劳动报酬，管理者不能以不正当理由克扣劳动者的合理报酬，要让公平的原则在分配领域贯彻执行。

（三）自由的劳动

劳动伦理思想中另一个重要的原则就是劳动自由原则。所谓劳动自由原则，是指劳动者无论是在劳动前还是在劳动过程中，都应该是受自己的主观意识所支配的。也就是说，在自由的劳动状态下，人们并不是因为外在的因素而不得不劳动，相反，每个人都是出于自身内在的需要而选择去劳动的。这种自由的原则是人作为劳动主体，逐渐探寻自己类本质的过程，因此也是一个漫长的过程。从社会历史发展的角度来看，在漫长的人类历史发展过程中，劳动者在劳动过程中不断进步，并向着这种自由的劳动状态前进。在原始社会，原始人在共同劳动的过程中已经形成一些勇敢、团结、互助等习惯，通过这些习惯来对当时简单的劳动关系进行调节。在这一时期，劳动者的劳动是拥有一定自由的，因为他们的这种劳动是为了满足本身的生存所需，并不存在来自他人的强迫，此时的劳动情景有着一种淳朴的气息，同时也具有一定的自由。在随后的奴隶社会和封建社会，劳动者在劳动过程中所追求的自由原则在很大程度上就丧失了，由于私有制的出现，奴隶主和封建主将劳动者当作自己的私有财产，强迫劳动者进行劳动，对于劳动成果的分配也是完全利己的，所以在这两种社会形态中，劳动者失去了在劳动过程中的自由。

进入资本主义社会后，劳动者在劳动过程中不自由的状况有了较为明显的改善。首先，劳动者从过去对封建主的人身依附关系中挣脱了出来，对自己的身体和劳动力有了自主的支配权。劳动者能够将自己的劳动力置于资本市场之上进行自由的交换，并在资本市场上有一定的选择自由。所以说，资本主义社会中体现出了一定的劳动自由原则。其次，随着资本主义生产方式的确立，资本在其逐利性的影响下在各个行业中流动。随着资本的流动，广大劳动者也相应地在供求关系的影响下在各个行业中流动。除了在行业间流动，在同一行业的不同部门之间，劳动者也有较为频繁的流动，劳动者具备一定的选择自己工作的自由。最后，从历史发展的长河中看，资本主义生产制度大大推动了生产力的发展。正如马克思和恩格斯在《共产党宣言》中所说，资产阶级在它的不到一百年的阶级统治中所创造的生产力，比过去一切世代创造的全部生产力还要多、还要大。[①] 在生产力大幅发展的情况下，科技在生产中所占的比重越来越高，在一定程度上解放了劳动者，劳动者有了更多的时间来发展自身，因此也可以说劳动者拥有了更多发展自身的机会和自由。

（四）幸福的劳动

劳动伦理中不可忽视的另一个原则就是劳动者应该在劳动中感觉到幸福。这里所说的劳动幸福，就是指劳动者在劳动过程中，不断实现自

① 马克思恩格斯文集：第2卷［M］．北京：人民出版社，2009：36.

己作为人的类本质，从而使劳动者自身产生一种愉快的感受。这种幸福的劳动的感觉可以从多个方面来获得，最直接体现在劳动过程中。在这个过程中，劳动者因为劳动环境、劳动制度、劳动回报等因素，感觉到他的劳动是幸福的，这种外在的劳动幸福是比较容易得到和观察到的。但是除此之外，还存在着更深层次的劳动幸福，那就是劳动者在劳动过程中不断发挥自己的类本质，创造出了自己的价值，从内心最深处确证了自己存在的意义，这对劳动者而言更是一种在劳动中获得的幸福感。

劳动者的劳动应该是幸福的劳动。正如习近平总书记在 2018 年春节团拜会上的讲话中所指出的：新时代是奋斗者的时代；奋斗本身就是一种幸福，只有奋斗的人生才称得上幸福的人生。习近平总书记在讲话中重申了奋斗这一时代主题，激励着那些以不懈奋斗投身伟大事业、以无私奉献照亮伟大征程的人。劳动就是一种奋斗，劳动者在这个过程中，既为实现自身的价值而感到满足，也为给社会创造了更大的价值而感到骄傲。

二、劳动伦理的特点

（一）阶级性

劳动伦理思想具有阶级性。不同的阶级代表着不同的利益，因此在这个阶级中所形成的劳动伦理思想往往是为这个阶级的利益而服务的。任何一种理论的提出和发展都是从现实的需要中产生的，因此在不同的社会实际状况下，劳动伦理的内涵也会有所不同。劳动伦理属于道德的范畴，而道德作为上层建筑又是由经济基础所决定的，因此劳动伦理天然就带有其深刻的阶级性特点。关于劳动伦理的阶级性特点，可以从其在资本主义社会与社会主义社会的不同形态对比中进行探究。

一方面，对资本主义社会的劳动伦理思想进行探究可以发现，在资本主义社会中，劳动伦理关系的发展曲折前行。在资本主义社会基本经济制度中，资本好像具有一种魔力，仿佛通过资本的运作就可以创造出更多的财富来。这就促使资本主义社会的资本家都在追求拥有更多的资本，资本家在完成资本积累的过程中，不断扩大自己的生产规模，而资本主义社会的劳动伦理关系也随着资本生产规模的扩大而不断地发生变化。在资本主义扩大再生产的过程中，它不仅是物质资料的再生产，同时也是生产关系的再生产。资本家在劳动生产过程中希望劳动者能够保证劳动生产率，而劳动生产率高低又受劳动伦理道德的影响，于是资本家和劳动者之间的劳动伦理规范就在不断地调整，并且随着生产力的进步以及生产规模的扩大，这个调整的范围也相应地扩大了。伴随资本主义的发展，越来越多的劳动者都进入了这个调整的领域之中。这种资本主义劳动伦理关系建立在劳动者人身自由的前提下，劳动者追求的是工资，资本家追求的是劳动者所能创造出来的剩余价值。资本主义的劳动伦理关系是从资产阶级出发而不断进行调整的，其阶级性体现得非常明显。

另一方面，对社会主义社会中的劳动伦理思想进行研究可以发现，马克思的劳动伦理思想是站在无产阶级的利益上提出的，包含着对广大无产阶级劳动者的关怀。马克思指出，“异化劳动”从人那里夺取了他的生产对象，也就从人那里夺走了他的类生活，即他的现实的类对象性，把人对动物所具有的优点变成缺点，因为人的无机的身体即自然界被夺走了。[①] 通过这段描述能够看出，马克思认为，在正常的劳动伦理关系中，工人生产出来的产品应该是属于工人的，但是最后却被资本家占有了，这是对资产阶级劳动伦理关系的批判，也是对广大无产阶级劳动者的关怀。从这一意义上说，马克思劳动伦理思想的阶级性与马克思的人民性是相一致的。

因此，我们可以得出这样的结论，劳动伦理作为人类的伦理道德原

① 马克思恩格斯选集：第1卷［M］. 北京：人民出版社，2012：57.

则在劳动领域的体现，具有一定的阶级性，在不同的社会形态中代表着不同阶级的利益。

（二）历史性

劳动伦理除了具备阶级性之外，还具有历史性。这种历史性主要体现在不同时代的劳动伦理有着不同的内涵，即使放到现在来看其中的一些思想已经不适用了，但是在当时的历史背景之下，却具备一定的积极意义。

例如，在资本主义社会刚刚代替封建社会，资本主义生产关系初步形成的时代，那时的资本家雇佣劳动者从事资本主义生产活动，这种基于劳动者人身自由的雇佣劳动是非常明显的进步，它帮助广大劳动者通过自己的劳动换取一定的物质生活资料来维持自己的生存，同时劳动者也能够不断地学习，提高自身的技能，从而在劳动力市场上换取更大的价值。这些在那个时代形成的劳动伦理规范在当时很好地保障了劳动者的权益，对于他们适应资本主义生产方式，推动资本主义社会生产力的发展起到了积极的作用。

19 世纪，资本主义社会在劳动领域中出现了很多问题，劳动者和资本家之间的关系比较紧张。正是在这种背景下，一种具备人道主义思想价值的劳动伦理规范出现了，这就是马克思的劳动伦理思想。在他的观点中，独立劳动被称为自主活动，这种独立自由的劳动伦理规范，体现了马克思对人的类本质划分的定义。在这种情况下，人是劳动的主人，人在劳动中也不会感到压迫了。

从劳动伦理的这种发展变化中我们能够看到，随着社会实际状况的不断变化，蕴含着进步意义的劳动伦理也会随之出现。在这种情况下，过去旧的劳动伦理体系就会遭到挑战，最后被新的劳动伦理体系所代替。劳动伦理是具备历史性的，是一直向前发展的。

（三）实践性

劳动伦理的实践性主要体现在其产生于实践中，同时又应用于实践之中。也就是我们通常所说的，理论来源于实践，同时理论又指导着实践的发展。劳动伦理作为人类伦理规范在劳动领域的体现，也是作为一种理论登场的，这种理论无疑来源于人与人之间的关系实践中，同时当它形成之后，又反过来影响人们之间的这种关系。

无论在何种社会形态之中，劳动伦理关系都是从社会劳动领域所面临的问题中产生的。因为人是劳动的主体，同时又是道德的主体，所以劳动过程中一定会涉及人与人之间的各种道德关系。劳动者和管理者各自都有自己的道德意识和道德水平，这些水平也是不尽相同的，因此劳动者和管理者之间可能就会出现各种各样的矛盾。只有解决或者缓和这些矛盾，才能确保劳动生产活动的正常进行，这时就需要劳动伦理关系发挥作用了。劳动伦理的内容主要来源于长期劳动实践过程中形成的道德规范，并用这些道德规范来调节劳动者和管理者之间的关系。所以说，劳动伦理关系是从劳动者的劳动实践中产生的，具备深刻的实践性。

与此同时，这种劳动伦理关系在形成之后也在不断地改变着实践，推动着实践向前发展。马克思说，哲学家只是用不同的方式解释世界，而问题在于改变世界。① 实践才是最终的目的。马克思从当时社会的实际情况出发，通过自己的调查实践，提出了劳动伦理思想。这一思想在形成之后就对过去旧的劳动伦理观念形成了巨大的冲击，推动着实践不断地作出改变。例如，很多企业家开始对劳动者的合法权益给予更多的重视，通过改革生产、管理等制度，让劳动者在参与劳动的过程中拥有了更多的话语权，劳动者拥有了更好的物质生活条件。所以说，劳动伦理的调整对实践的反作用是不可忽视的，劳动伦理具有很强的实践性。

---

① 马克思恩格斯文集：第1卷［M］. 北京：人民出版社，2009：506.

第三节　劳动伦理的现实表现及未来发展

随着时代的发展，劳动伦理在当今社会有新的发展，具体表现为国际社会、国家和政府及其企业对劳动伦理要求的变化，也反映在劳动者个体的伦理道德、其所处的劳动关系伦理等的现状及其存在的问题与对策。面对未来，劳动伦理同样会面临很多挑战，尤其是人工智能若作为劳动主体，会给人类带来一定的伦理风险，对此我们要有科学的认识和分析。

一、劳动伦理的现实表现

（一）劳动领域的新变化

随着科学技术的发展和广泛应用，现代生产方式也在不断变革，与过去相比，劳动领域内也发生了许多新变化。现代科技的进步大大解放了人类的劳动，机械化程度的不断提高将许多劳动者从单调机械的工作状态中解放了出来。同时，整个社会的劳动生产率也大大提高，创造了巨大的物质财富，人类整体的生活水平都在向着更高质量的方向发展。但是，在看到劳动领域出现的这些进步的同时，我们也应该看到，社会发展同样也给这个领域带来了许多新的问题，而如何解决这些问题就是劳动伦理在当今时代需要面临的新的课题。

1. 劳动领域中的契约精神匮乏

契约一词源于拉丁文，原义为交易，其本质是一种契约自由的理念。所谓契约精神，是指商品经济社会派生的契约关系及内在的原则，是一种自由、平等、守信的精神。在劳动领域，这种契约精神是双向约定的，企业家和劳动者都应该具备这种精神。

企业家具备的契约精神主要体现在两个方面：一方面，在招聘市场上，企业家要坚持平等的原则，不能因为性别、年龄等因素对劳动者进行歧视，对劳动者工作能力的要求应该在招聘启事上予以清楚的说明；按照招聘启事的要求招聘合格的劳动者，如果在招聘过程中存在隐性的歧视，那企业家的契约精神就受到了损害。在经营过程中，企业家的契约精神体现在按照合同组织生产，严格遵循生产标准，不偷工减料等。

另一方面，劳动者同样也应该具有契约精神。在进入劳动领域时，劳动者与用人单位之间通过合同的方式确立了双方的权利和义务，劳动者应该按照合同的原则从事工作。

但是，目前劳动领域中出现了一些企业家和劳动者不遵守契约精神的现象。科技的发展大大拓宽了人们获取信息的渠道，很多劳动者拥有了更多的选择工作的机会。这既给劳动者带来了选择的自由，也使一部分劳动者丧失了契约精神。例如，一些劳动者与用人单位签订合同进入劳动单位，工作几天之后觉得自己不想从事该工作了，就直接从单位离开，然后销声匿迹寻找新的工作，原劳动单位的工作人员都无法与他取得联系。这种行为会给劳动单位造成很大的损失，对用人单位来说，前期对劳动者培训的成本因此损失掉了。同时，在今天这种大工业生产的时代，劳动者个人的缺席，很可能会影响整个生产线的正常运转。同样，企业家也有不遵守契约精神的行为，例如以各种理由克扣劳动者的工资，不按规定给予劳动者相关的劳动保护，等等。所以，在目前的劳动领域中，仍然存在着这些不遵守契约的行为，需要形成新的劳动伦理规范来解决。

2. 劳动关系不和谐

劳动的主体是人，在劳动过程中，人与人之间一定会结成各种各样的关系。这些劳动关系是否和谐直接影响到劳动者的劳动状况，影响到劳动生产率的高低，也会影响到整个社会的和谐状况。因此，应当用劳动伦理来调节人与人之间的劳动关系，以期达到一种和谐的状态。

和谐劳动关系可以从狭义和广义两个方面来理解。狭义的和谐劳动关系是指劳动者和管理者之间的一种和谐的关系。在这种状态下，劳动者和用人单位可以就劳动进行的过程、劳动成果的分配等达成一致，实现劳动关系的健康发展。广义的和谐劳动关系主要包括四个方面的内容，分别是人与自然的和谐、人与自己的劳动过程的和谐、人与自己的劳动产品的和谐、人与人的关系的和谐。从人与自然的和谐来看，劳动者在从事劳动生产的过程中，需要通过自身的劳动将生产资料转化为劳动产品，这些生产资料又是来自自然的，所以人与自然应该就物质的交换达到一种和谐的状态。从人与自己的劳动过程的和谐来看，这一点主要是从人的本质来谈的。《共产党宣言》中提到，“每个人的自由发展是一切人的自由发展的条件”①。每个人在自己的生命中都在不断追求着自由发展，这一点同样也会体现到劳动领域中。在劳动过程中，劳动者们会希望自己的劳动是自由的，每个人都是自愿参加劳动的，而不是被其他外在的因素强迫参加的，这就是劳动领域中应该追求的人与自己的劳动过程的和谐。人与自己的劳动产品之间的和谐，主要是从对劳动产品的分配上来说的。劳动者在劳动过程中通过自己的劳动创造出巨大的物质财富，那么劳动者就应该拥有对这些财富的支配权。他们创造的劳动产品越多，他们自身的物质生活条件也应该越好。从人与人的关系的和谐来看，要求每一个劳动者都是平等的，不会因为工作岗位的不同而受到任何歧视。同时，劳动者和管理者之间也是一种平等关系。每个人的人格都是独立的，不受其他任何人的支配。当劳动领域中每一个人都是以平等的关系进行互动沟通时，整个劳动领域中的和谐劳动关系才能形成。

但是，从目前我国劳动领域的实际情况来看，还存在许多劳动关系不和谐的现象。例如，一些企业为了追求经济利益，过度向自然索取，造成了生态环境的破坏；一些企业形成了“加班文化”，通过各种各样的

① 马克思恩格斯选集：第1卷［M］. 北京：人民出版社，2012：422.

方式减少劳动者的休息时间，使劳动者在劳动过程中渐渐失去了作为劳动主体的能动性和创造性；一些企业无故拖欠甚至克扣劳动者的薪资，造成了劳动者和用人单位之间劳动关系恶化；等等。诸如此类的问题都需要我们结合时代发展的背景，应用新的劳动伦理来予以解决。

（二）劳动伦理面对新问题时的新应用

社会实践的发展往往会产生新问题，面对这些新问题和新变化，理论也应该不断更新自己的内容，以便能够继续指导实践的发展。劳动伦理的发展同样如此。当面对劳动领域出现的这些新问题时，劳动伦理体系可以从以下角度对劳动领域中的种种行为进行规范。

1. 鼓励诚实劳动

“人民创造历史，劳动开创未来。劳动是推动人类社会进步的根本力量。”“劳动是财富的源泉，也是幸福的源泉。人世间的美好梦想，只有通过诚实劳动才能实现；发展中的各种难题，只有通过诚实劳动才能破解；生命里的一切辉煌，只有通过诚实劳动才能铸就。”[①] 习近平总书记在同全国劳动模范代表座谈时的这些讲话，指出了诚实劳动在当今社会的重要作用。目前劳动领域中存在的缺乏契约精神等问题，可以通过鼓励诚实劳动的方式来解决。在习近平新时代中国特色社会主义思想中，诚实劳动是一个重要的概念。贯彻诚实劳动的理念，要求劳动者在劳动过程中要以踏实、认真的态度对待工作。目前，一些劳动者对待工作敷衍了事，在工作中只追求工作量的完成，对工作的质却忽略不管。劳动者在劳动过程中应该贯彻诚实劳动的原则，要热爱劳动，遇到困难时要敢于面对，积极寻找办法解决问题，对待工作要一丝不苟，不能得过且过，要以认真负责的态度完成自己的工作。诚实劳动还要求劳动者在劳动过程中要充分发挥自己的体力和智力，运用自己的创造力在工作中作

① 习近平．在同全国劳动模范代表座谈时的讲话［N］．人民日报，2013-04-29（2）．

出自己的贡献。要锐意进取，积极分析当下形势的变化，紧跟时代的发展不断学习，不断丰富提高自身的技能，提高自己的工作能力。

从企业的角度而言，也要将诚实守信的原则贯彻落实到日常的劳动过程和管理过程当中。企业应该严格遵守国家相关法律法规的要求，自觉保护劳动者的合法权益。对待劳动者一视同仁，给予劳动者应得的合理报酬。

2. 多方合作丰富劳动伦理的内容

首先，从企业自身的角度来看。各个企业要从问题意识出发，找到当前企业生产经营过程中存在的影响劳动关系的问题，然后有针对性地作出改变。对当前企业劳动关系进行研究可以发现，目前对劳动关系影响最大的因素主要集中在分配环节。劳动者从事劳动之后，对于劳动产品的分配是很关注的。企业应该严格遵守国家的法律法规，根据劳动者所付出的劳动，给予他们合理的报酬，努力推动分配的公平。这种公平不能仅靠企业自身的道德责任感来实现，也需要完善的法律体系的支撑。

其次，从政府的角度来看。政府应当从实际出发，深入劳动领域考察影响劳动关系的因素。在制定相关劳动法律或者劳动政策时，要将这些因素充分考虑进去，提出有针对性的对策。实现劳动领域的公平和实现社会的公平是同样的道理，要想实现这种公平，应该以保护弱势群体的利益为目标。政府应该充分考虑他们的诉求，从道德的高度出发，从法律的层面予以确定。除此之外，政府还应该加强劳动教育。要通过劳动教育，让全社会养成对劳动价值的正确认识，让劳动作为一种关键要素在分配体系中得到合理的价值认同。

最后，从工会的角度来看。工会始终代表着广大劳动者的利益，反映广大劳动者的诉求，因此工会在劳动领域中的作用是不可忽视的。面对新形势新变化，工会应该对自己的工作进行创新。例如，在用法律武器维护劳动者合法权益的同时，注重从思想上增加对劳动者的关怀。这种伦理道德上的关怀能让劳动者更好地解决自己在工作过程中遇到的问题，推动劳动关系的和谐发展。

二、劳动伦理的未来发展

进入现代社会，生产力的不断发展使科技在创造物质财富的过程中发挥的作用越来越大。越来越多的科技成果被应用到物质财富的生产领域，这一方面大大提高了人类的工作效率，推动了生产力的进步，另一方面也给人类未来的发展带来了一定的挑战。尤其是随着人工智能越来越广泛的应用，引起了许多人对社会伦理道德的担忧。“智能机器人是否会成为劳动伦理的主体？这对人类社会的伦理道德又会带来哪些风险和挑战？”诸如此类的问题在社会上不绝于耳。

一些观点指出，当机器人的功能越发完善之后可能会取代人类的劳动主体地位，那么到那时劳动伦理规范又该如何适用于劳动生产领域呢？对于这个问题的争论，伴随着人工智能技术的不断成熟而越发激烈。一部分学者认为，机器人不论功能多么完善，始终都是处于人的操控之下的，因此也不用担心其发展会给人类的劳动伦理造成冲击。但是，另一部分学者持不同的意见。他们指出，随着越来越多的工作岗位被机器人所替代，就会有更多的人丢掉工作岗位，而且即使留在工作岗位上的人也不过是重复毫无营养的劳动内容。劳动者自身的创造性和主动性都会被机器所压抑，科技的发展会对人类的劳动伦理造成严重影响。

我们应该认识到，科技的发展是不可逆的潮流。人类在不断追求更高质量的生活的过程中，对科学技术的水平也会提出越来越高的要求，我们不能因为科技可能给人类社会带来一定的伦理风险就将科技发展束之高阁。我们可以在大力发展科学技术的同时，注重在道德上加强对科技的控制。无论是技术还是机器，其本身并不存在对错之分，对与错的评价完全取决于人们对它的认识以及采取何种方式去利用它。面对未来科技的发展，我们应该以谨慎的态度加以对待，注意分辨和消解科技进步给人类主体性带来的消极影响，将关注点放在人自身的解放和全面发展上，在合理的劳动伦理道德规范下，使科学技术能够造福全人类。

思考题：

1. 劳动伦理的基本内涵和特点是什么？
2. 劳动伦理对构建和谐社会的意义是什么？

第六章　和谐劳动关系教育

第一节　劳动关系的理论基础

劳动关系的形成与发展离不开一定的理论基础做支撑，劳动关系是劳资关系的一种表现形式。马克思主义劳动价值论、剩余价值理论以及资本积累理论是最早、最系统、最准确的阐述劳资关系的理论，都深刻揭示了资本家对劳动者的剥削与掠夺，都涉及劳资之间的利益分配问题，在物与物关系的背后正确揭示了人与人的关系，倡导建立一种平等、自主、公正的劳资关系，为新时期和谐劳动关系的构建提供了理论遵循与方向指引。中国共产党人对马克思主义劳动观进行了继承与创新，并根据我国发展实际对劳动关系理论有着进一步的论述与发展。因此，我们要想深入研究劳动关系，就必须聚焦劳动关系形成的理论基础，把握马克思政治经济学的核心要义及马克思主义中国化的研究成果，发挥其倡导保护劳动者合法权益、构建和谐劳动关系的重要价值。

一、以马克思主义劳动价值论为逻辑起点

劳动价值论是马克思在对古典政治经济学展开批判与继承的基础上形成的重要学说，对人类社会发展与进步作出了不可磨灭的贡献。劳动价值论肯定了劳动者对价值的创造及其劳动主体地位，揭示了资本主义私有制对劳动者的压榨及对其主体地位的损害，主张追求一种平等、自

主的劳动关系，为构建和谐劳动关系提供了逻辑起点。

（一）劳动价值论肯定了劳动者的主体地位

和谐劳动关系的构建首先要明确和肯定的是劳动者作为劳动主体的强有力的主体地位。劳动关系，简言之便是劳动者与雇主之间的关系，只有劳动者主体地位得到肯定，劳动者利益得到保障，劳动关系才能和谐，才能取得新时代的进步与发展。雇佣劳动问题一直是马克思研究的重点领域，劳动关系研究正是在这一特殊的劳动实践中形成的。马克思主义劳动价值论从劳动创造者入手，其全部内容都体现出了对人主体地位的肯定与尊重，是一门关于人的学问。马克思于《德意志意识形态》中首次对历史的前提问题进行了正确的阐述与分析，指出历史的前提是现实的人，并聚焦于人的物质实践活动（即劳动），把人作为衡量各方的重要价值尺度。《资本论》的出现，对人的主体地位作出了更系统、更深刻的诠释与强调，突出了劳动者对价值的创造及对经济社会发展的推动作用。马克思指出："劳动首先是人和自然之间的过程，是人以自身的活动来引起、调整和控制人和自然之间的物质变换的过程。"这表明，劳动首先是人改造自然的过程，是将自然物质改造为满足人类生活所需要的物质生活资料的过程。因此，劳动归根结底是人类的劳动，在这一过程中，占据主体地位的是人。马克思还认为，劳动是人的本质，是人之为人的重要标志，人通过自身劳动不仅创造了人类社会，还产生了人自身。人与动物的根本区别就是能否进行劳动，当人能够自觉进行物质生产实践活动时，人与动物也就开始区别开来，人开始为自身及人类社会的发展与进步创造价值。这意味着劳动是人存在的本质属性，劳动者的劳动能力关系着人类社会的发展演变，人在劳动过程中所拥有的主体性和创造性为社会提供了动力和引擎，推动社会不断发展前进。因此，要想实现生产力的发展和社会的进步，构建新时代和谐劳动关系，就必须充分发挥全社会劳动者的脑力和体力劳动，尊重和肯定劳动者在劳动中表现出的主体性，使其得到自由全面发展。

（二）劳动价值论揭示了资本主义制度对劳动者主体地位的损害

在私有制条件下，劳动者的命运无法被自己掌握，而是由商品、价值、货币运动所决定，人与人之间所生成的社会关系被物与物之间虚幻的、缥缈的关系所笼罩，不再纯粹，表现为物质的、利益的关系，马克思将这一现象称作商品拜物教。商品拜物教认为，商品是物的自然属性，是物本身就存在的，将商品神秘化，由此否定了劳动者在生产劳动产品过程中发挥的主体作用，从而遮蔽了资本家对劳动者的剥削和压迫，掩盖了劳动对资本由一开始仅是形式上的隶属，随着生产力的发展和生产方式的改变，逐渐转化为实际隶属。最后，劳动者通过辛苦劳动生产出的产品不为劳动者本人所占用和支配，而是站在劳动者的对立面，作为一种独立于劳动者之外的力量与其创造者对立，变为进一步剥削劳动者的工具。

马克思对商品拜物教观念进行批判的背后，实际上是对劳动主体与客体关系颠倒的揭露，是对人对物顶礼膜拜、屈服于物质财富、被商品奴役的揭露。资本主义私有制下，人们过分强调物的地位，忽视了作为商品创造者的人的主体属性。马克思主义劳动价值论通过对商品拜物教等错误观念的批判，正确揭示了资本主义私有制背后对劳动者主体地位的剥夺及对劳动者尊严的践踏，展现了马克思思想理论的人文关怀。由此，我们可以得出，生产资料私有制正是决定劳动关系的社会基础，要想解决劳资冲突，就要消灭雇佣劳动和资本主义私有制，这也为后来各国开展革命运动提供了重要理论指导。

（三）劳动价值论主张追求劳动的平等性

商品生产者之所以能够彼此交换产品，是因为这些产品具有共同的特征。在马克思看来，这一共性的东西就是在商品中所凝结的人类劳动，并且这一劳动形式是抽象的、无差别的。因此，人们在进行商品交换时必须以商品价值量大小为前提，进行等价交换。这表明，在价值规律的作用下，劳动者生产所耗费的劳动是平等的，都可以创造价值，其所创造价值的大小具有统一衡量标准，由社会必要劳动时间来决定。最终，生产者劳动所得也应由其创造的商品价值量来决定。由此看来，马克思主义劳动价值论追求的是一种平等的劳动关系，倡导建立公平公正的利益分配机制，从而实现对劳动者主体地位的尊重与肯定。

马克思主义劳动价值论启示我们，新时期，在保持效率应有发展水平下，我们要更加注重分配公平，尊重劳动者在物质生产实践中的主体地位，从劳动者自身利益出发，保证劳动者平等社会地位，通过法律保障和体制机制构建，确保劳动者获得应有劳动报酬，不断提高劳动者工资水平，培养劳动者乐于劳动、勤于劳动的高尚品质，实现新时代劳动关系的高质量发展。

二、以马克思剩余价值理论为基本遵循

随着我国市场经济体制的建立与发展，剩余价值理论所包含的丰富内容再次引起理论界的研究，成为关注的焦点。马克思的劳动思想在剩余价值理论中得到深刻阐述，为理解和构建新时代和谐劳动关系提供了重要维度。剩余价值理论揭露了资本家欺压劳动者的暴行，表达了对劳动者贫苦生活的同情以及对资本家残暴行为的批判，揭示了资本家与劳动者“平等”关系背后的真正不平等现象，追求建立平等共享型劳动关系，实现劳资权利、地位的平等。

（一）剩余价值理论批判了资本家与劳动者之间的“平等”关系

马克思对资本主义生产过程、价值形成与增殖过程及剩余价值的真正来源等重要问题进行了深刻阐述，系统考察了资本家和劳动者的关系，以及资本主义生产关系产生和发展的过程，深入分析了雇佣契约掩盖下资本家对劳动者的剥削与压迫，深刻揭示了资本和劳动的关系以及资本

主义劳动关系的本质特征。

劳动关系是生产关系的重要组成部分。自阶级社会以来，各种生产方式都以生产、占有、支配剩余价值为目的，并围绕于此，形成了作为权力关系的生产关系（如图 1）。在资本主义雇佣制度下，劳动者的劳动由两部分组成，一是必要劳动，二是剩余劳动。资本家无偿占有劳动者的剩余劳动创造的价值，即剩余价值。在私有制条件下，劳动者没有别的商品可以出卖，为解决温饱，不得不到资本家置办的工厂进行生产劳动。从表象来看，资本家与劳动者之间进行的交易是公平的，一方出卖劳动力，一方以资金购买劳动力进行生产，具有平等的关系。实质上，在看似温情的背后是被劳动契约掩盖着的剥削与压迫。劳动者劳动所得归资本家所有，其中创造的剩余价值由资本家无偿占有，这部分价值并没有给予劳动者任何劳动报酬，从而使资本家与劳动者呈现了剥削与被剥削的状态。因此，资本家对劳动者的剥削和占有这一真正社会关系被等价交换这一神秘面纱所掩盖，呈现出了一种“平等”关系。

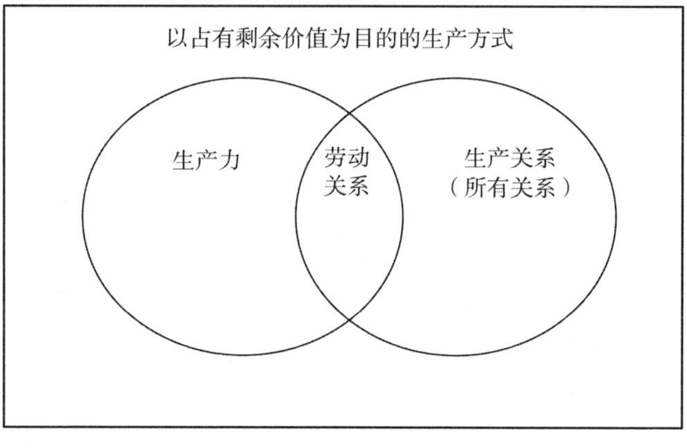

图 1　以占有剩余价值为目的的生产方式的构成

资料来源：孟捷．历史唯物论与马克思主义经济学［M］．北京：社会科学文献出版社，2016：19.

通过对资本主义社会的认真考察和对在该社会条件下劳动者生活状况的分析，马克思找到了资本主义基本经济规律——生产剩余价值。剩余价值理论为揭示剩余价值的真正来源，抛弃了古典经济学家仅围绕商品的研究方法，而是以生产劳动为开端，然后进行层层剖析，最终正确揭示了剩余价值的真正来源；揭露了在资本主义私有制条件下，根本就不存在平等的劳动关系，资本与雇佣劳动之间的“平等”关系是虚幻的、缥缈的；不停歇地剥削、占有劳动者无酬劳动创造的剩余价值是资本主义生产的目的及本质。剩余价值理论真实地反映出劳资双方既对立又合作、相互依存又对立统一的关系，深刻揭示了资本主义制度的剥削本质，看到了资本与劳动之间不平等、不公平的现象。

（二）剩余价值理论追求建立平等共享型劳动关系

剩余价值理论通过对生产劳动的研究与勘察，不仅揭示了资本主义的剥削本质，而且对人与人之间的关系以及构建和谐社会的问题也进行了深刻阐述。总的来说，资本家与劳动者之间的关系是一种利益关系，资本家对利益的追求触及了劳动者本身的应有权益，使资本家对利润的追求与劳动者对工资、福利的追求产生了矛盾，发生了利益冲突。剩余价值理论揭示了资本家并没有支付给工人其实际生产所耗费劳动的价值，而是仅支付其用以维持其基本生活所需要的价值。资本家支付给劳动者的那部分价值就是我们所说的工资。由此可以看出，劳动者在完成资本家所支付的工资所要求的生产之外，还额外为资本家进行无偿劳动。因此，当资本家和劳动者之间存在着利益分配不平等的现象时，社会必然会出现两极分化，这也指明了无产阶级革命爆发的必然性。

在当代资本主义社会，知识型经济对传统型经济的发展构成了极大挑战，工人的脑力劳动日益取代体力劳动，劳动的复杂程度不断提高，工人的工资增长速度也有了大幅度的提升。但是在这一过程中，劳动者为资本家带来的剩余价值的增幅却远远超过了工资的增长幅度，资本主义私有制正是诱发这一问题的根源。私有制存在一天，就会有剥削和压迫。因此，只有通过无产阶级革命，消灭私有制，建立公有制，实现生产资料的社会化和劳动成果的共享，才能根本解决劳资权益不平等的现象，最终在劳资之间实现利益共享，从而建立平等、共享型劳动关系，构建和谐社会。

（三）马克思工会理论对劳动关系的发展

工会，亦称工人联合会，是劳动关系的产物，是为维护工人共同利益而自发组织的社会团体。在资本主义社会早期，工会组织就已经存在。在私有制条件下，工人阶级长期受到资本家的剥削与压迫，生活十分窘迫，这使工人阶级意识到，要想维护自身合法权益，改善生活、劳动条件，就必须联合起来，才能形成反抗资本家的强大力量。在这一背景下，工会组织形成。马克思认为，由于工业的发展，竞争越来越激烈，促进人们结盟的因素也不断增多，随着经济的发展，同盟必将合理化、合法化。马克思看到了工人们贫苦、凄惨的生活，支持工人举行罢工活动并成立工人同盟。

马克思认为，工人阶级要联合起来，为维护自己合法权益、抵制资本家的压迫而斗争，最终消灭不平等的竞争现象。马克思在《临时中央委员会就若干问题给代表的指示》一文中指出：不管工会的最初目的如何，现在它们必须学会作为工人阶级的组织中心而自觉地进行活动，把工人阶级的彻底解放作为自己的伟大任务。所以，在马克思看来，工会不应仅局限于经济领域，还应发挥其支持工人阶级积极参与阶级斗争、最终实现自身解放的政治作用。正是由于工会组织的存在，逼迫资本家不得不作出一些让步，这对协调劳资关系、化解劳资矛盾等起到了巨大作用。但是，马克思在《哲学的贫困》中指出：为了顾全面子，他们组织了一些主要由工头、少数忠于他们的工人和道地的生意朋友参加的集会。后来，真正的工人要参加集会（当时博尔顿和曼彻斯特的情况就是这样），反对这种虚假的示威，却被拒之门外，说这是凭票入场的集会，意思是只有持入场券的人才能参加。可见，马克思发现，工会在资本主义社会只是一个摆设，并没有真正维护劳动者的利益，而是成为维护资本家地位及利益的工具。

马克思工会理论的形成与发展，既肯定了工会组织在改善工人阶级生活状况、维护工人劳动成果等方面发挥的重要作用，也揭露了资本主义社会的工会组织存在局限性，归根结底是维护资本家利益的工具和手段。马克思工会理论为我国工会组织的形成与发展提供了重要理论支撑，为新时期工会处理劳动关系等方面的问题提供了重要方法论指导。

三、以马克思资本积累理论为主要理论支撑

资本积累理论是在劳动价值论和剩余价值理论基础之上形成的马克思重要理论之一，构成了马克思政治经济学的重要内容。正是由于资本的不断积累，才加剧了劳资之间的对立，资本对劳动的剥削贯穿于生产到分配的全过程，生产成果分配不公，劳动者在分配过程中处于不利地位，将劳动者排除于剩余价值的分配，加深劳资之间的矛盾。

(一) 资本积累导致劳动与资本呈现两极分化

利益分配是否公正合理关系着劳动关系能否和谐有序。资本主义私有制条件下，劳动者创造的价值由两部分组成，一是用于抵销劳动力价值的价值，二是剩余价值。资本家将获得的剩余价值拿出一部分，用于购买继续生产所需要的劳动力和生产资料，从而使这部分价值转化为资本，以进行再生产，获取更多的剩余价值。这就导致绝大部分社会财富都集中到了资本家手中，而社会财富的主要创造者即劳动者仅占有较少部分社会财富，仅供维持生计，甚至有的劳动者都难以解决温饱问题，从而产生了财富占有两极分化问题。一极是财富的积累，另一极则是痛苦、贫困、无知、道德沦丧的积累。由此可得，劳动者创造的剩余价值越多，其受到的剥削和压迫也就越沉重，工人阶级也就越贫困，二者之间贫富差距由此形成，逐步演化为主要社会现象。在资本不断积累过程

中，利益分配的不公平导致劳动与资本之间两极分化越来越严重，加剧了劳动关系的紧张与僵化。

（二）资本积累产生相对过剩人口，加剧劳资对立

由于生产力的发展，先进生产技术不断运用于生产过程，资本积累不断增多，使每位劳动者所能推动的生产资料的数量不断增多，生产相同数额剩余价值仅需要少量劳动者，这导致对劳动力的需求日益缩减，从而形成相对过剩人口。要注意的是，这里的过剩人口是相对的，是相对不被资本增殖所需要，而不是社会生产发展所绝对不需要的。由于用于购买劳动力的可变资本不断减少，使劳动力供过于求，从而导致大量劳动力无法就业，由此引发失业问题。失业问题的产生使大量劳动者失去了维持其基本生活所需要的资金来源，加剧了劳动者的贫困，容易诱发劳动者对管理者的不满，在二者之间产生矛盾与冲突，不利于和谐劳动关系的构建与发展。

就业是最大的民生，是社会稳定的“压舱石”，是经济发展的“晴雨表”。党的十八大以来，我国积极采取各种就业政策，缩小劳资分配差距，为劳动者自主就业、敢于创业提供政策支持与制度保障，解决社会失业问题，保障劳动者合法劳动权利，处理好企业与劳动者之间的利益纠纷，积极构建新时代和谐劳动关系。

（三）资本积累理论追求建立和谐劳动关系

在资本主义社会，资本家只为自己谋取利益而不关心劳动者的利益，二者之间的根本利益处于对峙状态，因而资本家与劳动者之间的矛盾属于对抗性的矛盾，必须通过暴力的手段才能解决。在社会主义社会，通过建立公有制，工人阶级与劳动者成为国家的主人，劳动关系双方的根本利益是一致的，虽然在某些方面二者不可避免地存在利益冲突与矛盾，但归根结底是在根本利益一致基础上的具体矛盾，属于人民内部矛盾，能够采取具体解决措施化解矛盾、缓和矛盾，改善劳动关系。资本积累

理论揭示了资本主义私有制条件下劳动关系的不平等、资本家对劳动者生存与发展权利的掠夺，表达了对公有制条件下劳动关系平等和谐的憧憬与向往。

四、以中国共产党人关于劳动关系的论述为指针

随着经济的增长和发展任务的转变，中国共产党人结合我国不同阶段的发展实际，对劳动关系的认识及对构建和谐劳动关系的战略决策有所不同。外部环境的发展变化使中国共产党人的认识更加深刻、理论更加彻底、措施更加到位，对劳动者和资本等各种生产要素所有者之间平等合作、互利共赢、构建和谐关系的重要性和可行性展开了深入研究，为劳动关系的和谐和社会秩序的稳定作出了重要贡献，不断推进马克思主义劳动观的丰富与创新，不断彰显社会主义制度的显著优越性。

（一）新中国成立至改革开放前中国共产党人对劳动关系的论述

新中国成立初期，毛泽东同志深刻认识到劳动者对于经济社会发展的重要推动作用，他指出："人民，只有人民，才是创造世界历史的动力。"毛泽东坚持把我国的基本国情作为立足点，他清楚地认识到，在社会主义初级阶段，在物质生产极不发达的条件下，我们无法完全消除劳资对立现象，我们必须要保护劳动者所得，尊重劳动者主体地位，积极寻求构建和谐劳动关系的利益基础。

毛泽东在新中国成立初期提出了"劳资两利"思想。毛泽东在《矛盾论》中指出，劳资双方，一经产生，二者之间就存在着矛盾。但是，毛泽东认为，在民主革命时期，劳资的对立与冲突是有限的，劳动法在保护劳动者利益的同时并没有对民族资产阶级的财产取得给予限制，没有切断其发展道路，也不能反对民族工商业的发展，因为这种发展有利于激发发展活力，提高生产效率，有利于中国人民的生活与发展。毛泽东还认为，在抗日战争时期，劳动者与资本家之间不仅是利益对立关系，

而且二者之间存在着共同利益，这就是民族利益。毛泽东明确提出了劳资合作政策是实现“劳资两利”的政策基础，劳资双方对共同利益的追求远远超过了彼此之间的对立。针对劳资对抗的问题，毛泽东提出“劳资两利”政策。他认为，如果只有劳动者获利而资本家无利可获，那么工厂就会倒闭。但是，如果只有资本家获利而劳动者无利可获，则会导致生产发展无法顺利进行。由此可见，劳资双方的利益存在统一性、依存性。我们既要看到劳动对资本的作用，也要明白在社会分工和社会化大生产条件下，劳动力必须被资本使用，劳动与资本之间是相互制约、相互产生的。1949 年，中共中央提出“发展生产，繁荣经济，公私兼顾，劳资两利”的口号，这也是中国共产党首次将实现“劳资两利”作为新民主主义经济建设的指导方针之一提出来。在毛泽东“劳资两利”思想的指导下，我国在实践中极大调动了劳资双方生产的积极性，打破了“劳资对立”观念的束缚，开创了“劳资和谐”的局面，为新中国的成立奠定了经济基础，并有力指导了我国经济建设。

分配是否公正合理是劳动关系能否和谐稳定的根本前提。1956 年底，我国基本完成社会主义改造，进入社会主义初级阶段。在此阶段，中国共产党人积极主张要向世界上第一个社会主义国家——苏联学习，向其借鉴经验。在此基础上，结合基本国情，我国成功建立起了按劳分配制度，这是对马克思主义劳动观的重要继承。通过在农村推行工分制，在城市积极实行工资制度，极大提高了农村、城市劳动者的积极性。主张生产既要提高数量，也要保证质量。劳动者的报酬由其劳动的数量和质量决定，多劳多得，少劳少得，杜绝平均主义。按劳分配制度的建立促进了劳动者的解放和生产效率的提高，从而有利于缓解劳资对立的局面，推动和谐劳动关系的构建。

（二）改革开放至党的十八大以前中国共产党人对劳动关系的论述

改革开放以来，随着我国社会经济成分、组织形式、就业方式和分配形式等多方面日益呈现出多样化的特点，劳动关系的主体、内容、特点和运行环境也发生了深刻变化，劳动关系处于不断完善之中。1978 年，党的十一届三中全会召开，我国作出了实行改革开放的伟大决策，这成为我国历史上的伟大转折点。在此之后，计划经济体制开始瓦解，社会主义市场经济体制建立并不断完善，我国劳动管理制度也一改之前僵化的体制，大力倡导尊重知识、尊重劳动、重视科技，使劳动关系突破僵化体制的束缚，逐步走向市场化、合同化，

邓小平认为，劳动关系并不意味着一定是一种对抗性关系，在社会主义制度内部，可以通过调节来实现劳动关系的合理化，运用法律手段来规范雇佣劳动，将劳动关系有序控制在促进社会生产力发展范畴之内。邓小平还认为，构建和谐劳动关系的关键就在于正确协调国家、用人单位、劳动者（工会）三者之间的利益关系。在这一思想的指导下，我国逐步建立起退休制度、录用制度和劳动规章制度，以此来保护和协调劳动者的利益，并通过职工民主管理来协调用工单位和劳动者的关系，实现利益上的双赢。除此之外，邓小平还对劳动者就业、福利、培训等劳动保障问题展开了论述，提出了重要解决方案，并要求以法制的形式来保护劳动者利益。1994 年 7 月，第八届全国人民代表大会常务委员会第八次会议通过了《中华人民共和国劳动法》。

党的十四大明确提出了建立社会主义市场经济体制的目标，在这一新的时代背景下，江泽民对和谐劳动关系的构建提出了许多新观点、新论断。江泽民在党的十六大报告中提出了“尊重劳动、尊重知识、尊重人才、尊重创造”的观点，“四个尊重”体现了对劳动及劳动价值论认识的深化，表明任何劳动都应该得到认可与尊重。江泽民还指出，要全心全意依靠工人阶级，要维护好、发展好工人阶级的根本利益，这对保障工人与劳动群众的合法权益，构建和谐稳定的劳动关系具有重要指导意义。江泽民还认为，要发挥好工会联系党和职工群众的桥梁纽带作用，

阐明了工会既要坚持党的领导，还要有独立性，能够真正代表劳动者利益的观点。

随着时代的发展，劳动关系逐渐复杂多样，劳资双方的矛盾也呈现出复杂多元的特点。针对这一挑战，胡锦涛明确提出：切实发展和谐劳动关系，建立健全劳动关系协调机制，完善劳动保护机制，让广大劳动群众实现体面劳动。在这一思想的指导下，要求处理劳动关系问题更加注重以人为本，注重实现体面劳动，逐步有序提高劳动者劳动报酬，尊重和保障人权。

党的十六届六中全会从构建社会主义和谐社会的角度出发，第一次明确提出了“发展和谐劳动关系”的重要论断，这对马克思主义劳动关系理论实现了创新性发展，也为新时期和谐劳动关系的构建提供了指导方针。

（三）党的十八大以来中国共产党人对劳动关系的论述

党的十八大以来，以习近平总书记为代表的中国共产党人更加关注劳动者利益分配是否公正合理，更加注重和谐劳动关系的构建。习近平总书记指出：劳动关系是生产关系的重要组成部分，是最基本、最重要的社会关系之一。劳动关系是否和谐，事关广大职工和企业的切身利益，事关经济发展与社会和谐。这表明，只有实现劳动关系和谐有序，劳动者及用工组织的切身利益才能得到保护，才能真正实现劳动的平等。习近平总书记强调，构建和谐劳动关系，要坚持以人为本，把解决广大职工最关心最直接最现实的利益问题，切实维护他们的经济权益、政治权益、文化权益、社会权益，作为根本出发点和落脚点。这指导我们要始终心系劳动群众，关注劳动者的根本利益问题，维护其合法权益。习近平总书记还提出要实现社会公平正义、劳动者参与发展、分享发展成果。新时代构建和谐劳动关系要尊重劳动者辛勤付出，鼓励劳动者充分发挥其主体性和能动性，积极参与社会劳动，最终实现劳动成果共享的目标。

构建和谐劳动关系要依靠法治，在构建和谐劳动关系中，我国始终把法律手段放在首位，出台了大量法律法规，有力地保障了劳动者的合法权益，有效缓解了劳资纠纷，为和谐劳动关系的构建提供了法律保障。立足新时代，随着我国社会主义基本经济制度的不断完善，在公平的劳动力市场、公正的分配制度、完善的劳动关系协调机制的共同作用下，我国劳动关系朝着和谐发展方向不断迈进。不可忽视的是，在社会主义初级阶段，生产资料和劳动力往往不属于同一所有者，资本与劳动分离的现象仍然存在，要想实现二者的结合，不可避免地会进行生产要素的市场交易。当前，劳动关系的存在是必然的，也是必要的，劳资之间的矛盾并没有完全消失，而且将会长期存在，劳动者劳动时间、工资水平等基本问题是否公平合理仍是我们高度关注的话题。我们在承认劳资矛盾存在的同时，也不能对其进行片面夸大，我们要结合中国劳动关系的具体实际状况来处理二者之间的问题，保护劳动者合法权益，解决同工异酬问题，避免资本对劳动者的剥削与压榨，不断缩小贫富差距，扩大就业，解决劳动者失业等问题，本着公平正义的原则构建和谐劳动关系，推动和谐社会的建设与发展。

第二节　我国劳动关系的演进

劳动关系作为生产关系的重要组成部分，是我国现代经济社会最基本的关系之一，构成了全部社会关系的基础。历经 70 余年的发展，特别是在改革开放之后，我国劳动关系经历了由计划性转向市场性的发展过程，并在新的历史时期更加和谐稳定。

一、劳动关系发展演进的主要动力

（一）经济体制的转型

马克思主义理论认为，劳动关系与基本经济制度是密切联系的两个不同范畴，经济制度的变革是劳动关系发展演进的第一推动力。我国的基本经济制度是党和国家根据我国国情，创造性地采用一系列步骤逐渐探索出来的。具体表现为：改革开放前，我国实行计划经济，一方面通过没收官僚资本主义经济和改造民族资本主义经济，另一方面实行三大改造，最终建立起以公有制为基础的社会主义经济制度。1978 年，伴随着改革开放，我国基本经济制度随之改革，社会主义市场经济体制逐步建立和完善，我国劳动关系也发生相应的转型。

（二）就业政策的探索

就业是最大的民生，在我国经济制度中占据重要地位。新中国成立 70 余年来，就业制度始终随着我国经济制度的探索而发生改革与变化，呈现出明显的阶段性特征。总的来说，我国就业制度的形成与发展大体经过两个阶段：第一个阶段指新中国成立之后，随着计划经济体制的建立和实施，我国形成了以“统包统配”为主要特征的就业制度；第二个阶段指改革开放以来，随着经济体制的转轨、市场化经济体制的建立与发展，计划经济时期的“统包统配”就业制度不断变革，劳动合同制得到不断发展。此外，随着企业用工制度的改革，企业在用工与工资等方面逐渐拥有自主权，就业制度也由行政化向市场化方向发展。

（三）所有制结构的变革

所有制结构作为我国基本经济制度的首要内容，决定了我国劳动关系的性质。在计划经济时期，我国的劳动关系比较单一，主要表现为公有制经济形式，劳动力不是商品，因此在“单位”中体现为一种人事行政关系。这一时期人事行政关系由国家与劳动者构成，以共同利益为出发点，国家是人事行政关系的主体，企业与劳动者不具有独立的主体身份。随着经济体制的改革，我国的人事行政关系逐渐转型为以企业和劳动者两个独立主体构成的互利互惠的劳动关系。

（四）分配制度的改革

消费资料的任何一种分配，都不过是生产条件本身分配的结果。中国在社会主义制度建立之后，劳动者和资本家的关系就不复存在，工人阶级成为国家的主人。但是一段时间内，由于薪资分配方面实行平均主义，劳动关系还是表现出诸多矛盾，例如工资分配方面的整齐划一严重影响了企业职工的劳动积极性。党的十一届三中全会之后，国家对计划经济时期的分配制度进行改革，逐步形成了以按劳分配为主体，多种分配方式并存的基本分配制度。这一分配制度体现在劳动关系领域，表现为劳动者根据自己的劳动获得相应的工资与福利，企业以资本的投入与相关协议获取利润。该分配制度充分调动了劳动者与企业的生产积极性、主动性、创造性，但同时也一定程度上导致社会上收入分配差距扩大，引起劳动关系矛盾。

二、劳动关系发展演变历程

（一）计划型人事行政关系（1949—1978 年）

新中国成立之初，我国面临经济极端落后、现代工业基础极端薄弱的社会痼疾，为解决当时生产力水平、人均收入极低的窘境，我国实行计划经济体制。1956 年底，我国的计划经济体制已经基本形成。在计划经济体制下，国家政治权利全面覆盖到社会公共领域以及私人经济领域，政府成为国民经济与社会的直接管理者、经营者与控制者，传统意义上的“单位制社会”形成。在“单位制社会”，国有企业成为经济社会中配置资源的唯一组织性载体，企业作为国家的附属物，一切生产都按照国家计划进行。

在计划经济时期，与“单位制社会”相适应，以国家雇佣为主的“统包统配”就业制度诞生。1949—1978 年，为适应我国计划经济制度的需要，中国逐步形成了“统包统配”的劳动生产用工制度。即对已经达到规定就业年龄的城镇社会劳动力由国家统一“包”下来进行安置，统一分配工作。1949—1952 年，为解决国民党政府遗留下的失业问题，恢复国民经济，我国按照以工代赈等形式救济失业者，对旧时期军政人员实行“包下来”政策，基本解决了新中国成立初期 400 多万名失业者的生活和工作问题。1953—1956 年，“三大改造”基本消灭了私有制，在就业方面限制农村劳动人口的流动，国家统一调配劳动力，至此“统包统配”的劳动就业制度基本形成。“三大改造”完成至改革开放之前，我国实行高度集中的计划经济体制，为集中人力、物力发展重工业，我国的劳动就业制度仍以“统包统配”制度和固定工制度为主，虽然其间也进行了一些调整，如下放用工审批权、试行临时工和固定工两种劳动就业制度，但也未从根本上突破“统包统配”的劳动用工制度。按照“统包统配”的劳动用工制度，劳动力成为企业的固定工，与企业形成终身劳动关系。劳动者受国家保护，企业不得裁减员工，不能自行招人，企业成为劳动者名义上的雇主，国家成为劳动者真正的雇主。“统包统配”劳动用工政策是新中国成立初期党领导人民进行社会主义探索的一次尝试，为尽快恢复国民经济、巩固新生政权发挥了积极作用，但是随着生产力的发展，“统包统配”就业政策逐渐僵化。

与“统包统配”劳动用工制度相契合，几乎所有城镇地区的待就业人员都由国家按照计划分配到“单位组织”，变成“单位人”。因此，这一阶段的劳动关系实质上是一种完全计划型的人事行政关系。这一阶段人事行政关系表现出三大特性：首先，人事行政关系表现出强烈的依赖性。基层单位是国家组织的外延产物，国家掌握着绝大部分资源的分配，单位依附于国家。单位是个人物质资料获取的主要来源，个人依附于单位。其次，国家是人事行政关系的主体。新中国成立初期，国家要求工厂不得随意解雇工人、克扣工资，工资由劳资双方协商。国家规定的工资体系替代了工资协商制度，企业的主要任务是完成国家下发的生产计划。因此，在国家雇佣为主的“统配统包”劳动用工制度下，单位既无权自行招工与裁减人员，又无权进行工资协商，用人单位并不是实质上的人事行政关系主体。此外，劳动者无权自己选择职业，到达年龄的城镇劳动力由国家统一管理录用，劳动者的薪资与福利由国家统一调整，掌握国家生产计划控制权的国家成为人事行政关系主体。最后，单位、“单位人”、国家三方利益高度一致。工人阶级是劳动者与生产资料所有者的统一体，政府颁布了一系列保护工人阶级利益的法令和法规；公有制企业不把盈利作为主要目标，主要任务是完成国家下达的生产计划，企业单位与国家组织之间不存在明显的利益冲突；企业内部虽存在职位分工，但在公有制条件下，各级员工的生活状况与地位并无明显差异。因此，国家组织、企业单位与劳动者的利益高度一致。

（二）计划型人事行政关系向市场化劳动关系转型（1978—1992 年）

1978 年改革开放之后，我国逐步由计划经济向市场经济转型。党的十一届三中全会指出：现在我国经济管理体制的一个严重缺点是权力过于集中，应该有领导地大胆下放。党的十二届三中全会第一次提出了“有计划的商品经济”这一概念，但仍然强调公有制的主体基础地位。随着思想的不断解放，为适应国家经济发展需要，党的十四大正式确立了建立社会主义市场经济体制的目标。伴随着经济体制的改革，国有企业也进行了一系列改革。如政府实施放权让利，交给企业一定的经营自主权，余出部分利润交给企业自主使用；在国有企业内部实行承包经营责任制等。1979 年，国务院颁布《关于扩大国营工业企业经营管理自主权的若干规定》，第一次突破了劳动力资源配置的完全计划性，国有企业在用工方面实现较大突破，拥有了一定的权力。1986 年国务院公布的改革劳动制度的四项暂行规定，进一步夯实了劳动合同制的实施。同时，在 1978—1992 年经济体制向市场化转轨的这一关键时期，我国非公有制经济不断壮大，成为独立的市场主体。

在劳动关系领域，经济体制的转轨、国有企业的改革与非国有企业的发展，必然要求就业制度的配套改革，我国劳动关系特点也因此呈现出新的特点。20 世纪 70 年代末，“统包统配”就业制度矛盾激化，1978 年城镇登记失业人数达 530 万人。此外，当时经济发展也要求改变传统的人才资源调配制度，我国劳动就业政策发生重大变化。1980 年，国家提出了“三结合”就业方针，即在国家统筹规划和指导下，实行劳动部门介绍就业、自愿组织起来就业和自谋职业相结合。“三结合”就业政策促进了市场经济就业体制结构改革，在所有制结构方面突破了“统包统配”就业政策的框架。1982 年，我国开始推行和试点劳动合同制，劳动合同制在招工和用工领域突破了传统的就业制度，企业在招工与用工领域都获得了一定的自主权。1986 年，国务院发布《国营企业实行劳动合同制暂行规定》，针对企业用工与员工就业问题，提出了“老人老办法，新人新办法”的“双轨制”就业政策，即在新员工中实行劳动合同制，在老员工中实行原有的固定工制度。“双轨制”就业政策是对“统包统配”就业政策的积极扬弃，虽并未真正打破“统包统配”的就业政策，但具有积极改革的一面。1986—1993 年，为解决“双轨制”就业政策带来的相应矛盾，适应市场经济改革的需要，我国试行全员劳动合同制。

随着经济体制转型的不断深化，我国劳动关系逐渐向市场化转型。其一，劳动关系打破了过去单一的公有制形式，向市场化方向转型；其二，过去“统包统配”的固定工制度被打破，行政性劳动关系开始松动，劳动力资源配置制度逐渐转型为国家、企业与劳动者三方的多元决策。劳动关系向市场化方向转型，首先，劳动关系类型逐渐多元化，由于多种经济成分的发展，企业所有制性质呈现出多元化的状况。在这种情况下，劳动关系也改变了过去单一的公有制形式，类型逐渐多样，不但有公有制的劳动关系，也有混合所有制经济和私有制经济等多种类型的劳动关系，甚至出现了新型劳动关系。其次，劳动关系主体逐渐明晰。在计划经济体制下，掌握国家生产计划控制权的国家是劳动关系主体，通过国有企业改革，企业拥有了一定的用工与招工权，逐步转型为相对独立的经济主体，国有企业实行承包经营和租赁经营，企业经营者的趋利愿望逐渐明显，劳动关系开始转为市场契约式，企业的主体地位也逐渐明晰。最后，企业与劳动者的关系发生变化。在计划经济体制下，劳动关系受国家控制，企业与劳动者都处于被动地位。随着国有企业改革，企业获得更多的权力，企业与劳动者原有的均衡态势被打破，企业以逐利目的调控劳动关系，劳动者处于相对弱势地位。

（三）市场化劳动关系普遍建立（1992—2002 年）

1992 年党的十四大之后，我国的经济体制改革开启新征程。与此同时，改革开放也开创了新的格局，国有企业体制改革、市场制度建设、完善政府宏观调控机制等均取得重大进展。1992—2002 年，具有中国特色的社会主义市场经济体制已基本形成。

在劳动关系领域，随着市场经济体制的逐渐完善，我国的劳动关系开始走上市场化道路。在就业制度方面，1992 年劳动部发出《劳动部关于扩大试行全员劳动合同制的通知》，对全员试行劳动合同制提出明确要求，指出该方式有利于维护劳动者的经济社会利益和主人翁基本地位，提升劳动者的劳动积极性，从而有效促进和规范社会生产力的健康发展。1993 年，党的十四届三中全会对国有企业改革提出明确目标，即加快建立与社会主义大生产相适应的现代企业制度，这标志着国有企业改革开始由放权让利为主转变为机制改革、制度创新为主。国有企业体制改革同时要求对劳动用工制度进行改革，即实行彻底的全员劳动合同制。同年，劳动部发布《劳动部关于建立社会主义市场经济体制时期劳动体制改革总体设想》，进一步对全员推行劳动合同制提出明确任务，并为完成这一任务规划出翔实的时间表，明确提出到“九五”期间，全国各类企业职工都应实行劳动合同制。随着就业市场化的发展，我国失业人数不断增加，面对严峻的失业形势，1995 年 4 月，《国务院办公厅转发劳动部关于实施再就业工程报告的通知》的发布，标志着促进失业人员再就业成为就业制度改革的重要组成部分。同时，国家逐步放松对农村劳动力的限制，农村劳动力由乡村转向城镇、由中西部不发达地区流向东部发达地区，劳动力实现了跨区域型流动就业。在分配制度方面，党的十四大之后，国家实施“市场机制决定、企业自主分配、政府监督调控”的工资体制，打破了计划经济时期的计划工资体制，市场在工资分配中拥有了主导地位，由企业根据自身的经营效益与当地工资市场情况来决定企业员工工资的分配，以市场为导向的工资分配极大激发了劳动力的生产积极性。

这一时期，市场化劳动关系普遍建立，并主要表现在以下方面：首先，劳动关系呈现出复杂性与多样化。随着所有制结构由单一的公有制经济发展为以公有制为主体，多种所有制经济共同发展，各种经济形式得到快速发展，非公有制企业规模不断扩大，个体经济、私营经济等多种类型的劳动关系迅速增多。与所有制结构相适应，就业形式也丰富多样，出现了非全日制就业、远程就业与独立就业等多种就业形式。由于就业与分配制度的多样化，企业内部劳动者在身份与利益等方面产生各种冲突和矛盾，收入差距扩大与部门利益分化等导致劳动关系更为复杂。其次，劳动关系调节的契约化与法制化。在改革开放前甚至改革开放之后一段时间里，我国的劳动关系基本上依附于政治关系，直到 1994 年中国颁布了第一部《中华人民共和国劳动法》（以下简称《劳动法》），我国劳动关系才真正向法制化方向转型。在市场经济条件下，劳动双方通过合同调节权利和义务，劳动关系的调节契约化。最后，主体利益差异化、明细化。随着现代企业制度的改革，政企分离，产权清晰，劳动关系内部的主体关系逐渐明晰，各自利益关系更加明确。

（四）积极构建和谐劳动关系（2002 年至今）

21 世纪初，随着劳动力市场化的不断发展，我国劳动力调配更加灵活，但劳动关系矛盾也逐步凸显出来：第一，就业问题十分突出。1978 年我国城镇登记失业人数为 530 万人，到 2002 年，失业人数已达 770 万人。第二，贫富差距扩大。通过对平均工资制度的改革，企业在工资分配方面掌握了主动权，劳动者劳动报酬增长缓慢，劳动收入分配较少。第三，劳动合同签订率与履行质量不高。据 2003 年全国职工队伍状况抽样调查，全国劳动合同签订率仅有 57.1%，其中私有企业劳动合同的签订率为 30.5%，劳动合同签订率不高。根据劳动科学研究所 2005 年的调查，已经签订的合同中以短期工为主，一些企业以短期工流动性强为由拒绝缴纳社会保险，劳动合同履行质量不高。随着劳动关系矛盾的凸显，一些企业内部劳资双方的矛盾也日趋显性化，并由单一的经济纠纷扩大到民主权益争议，劳动者群体性事件时有发生。要保持社会和谐稳定，必须构建和谐劳动关系。

2002 年之后，党和政府把建立和谐劳动关系作为构建和谐社会的重要组成部分。2002 年，党的十六大明确了全面建设小康社会的目标，其中一个重要目标是“社会更加和谐”，提出劳动关系治理的主要任务是明确就业是民生之本，要通过法律制度保障劳动者的合法权益；党的十六届四中全会进一步明确了这一目标；党的十六届六中全会强调“要发展和谐劳动关系”。这些政策规划为构建和谐劳动关系提供了理论基础。2007 年，党的十七大鼓励创业带动就业，提出要规范和有效协调劳动关系，完善和贯彻落实保障劳动者合法权益的相关政策，依法维护劳动者的合法权益。同年，《中华人民共和国劳动合同法》（以下简称《劳动合同法》）、《中华人民共和国劳动争议调解仲裁法》（以下简称《劳动争议调解仲裁法》）的出台，对于规范用人单位的用工行为，更好地维护劳动者的合法权益发挥了重要作用。《中华人民共和国劳动合同法实施条例》以及《关于印发全面推进小企业劳动合同制度实施专项行动计划的通知》的推行，推动了劳动合同签订工作。党的十八大注重就业质量，提出推动实现更高质量就业，同时深化构建和谐劳动关系的内涵，提出健全劳动关系协调机制，完善劳动标准体系，加强劳动争议调解仲裁。2015年，中共中央、国务院发布《关于构建和谐劳动关系的意见》，在顶层设计上对构建和谐劳动关系作出部署，进一步推动了劳动关系协调机制建设。2017年，党的十九大提出了构建和谐劳动关系的途径，即破除妨碍劳动力、人才社会性流动的体制机制弊端，使人人都有通过辛勤劳动实现自身发展的机会。完善政府、工会、企业共同参与的协商协调机制，构建和谐劳动关系。并要求完善三方参与的协商协调机制，构建和谐劳动关系。2019年，党的十九届四中全会指出要健全促进更加充分和更加高质量就业的机制，健全劳动关系协调机制，构建和谐劳动关系。

回首“十三五”时期，我国构建和谐劳动关系成效显著，劳动关系总体上保持了和谐稳定，构建中国特色和谐劳动关系的体制、机制、框架基本确立，促进了经济发展与社会和谐稳定。进入“十四五”时期，我国已进入高质量发展阶段，我国仍然会面临许多新情况、新环境、新问题，保障和改善民生仍有许多困难。在新的历史时期，要进一步健全中国特色和谐劳动关系体制机制，健全劳动争议调解仲裁机制，以更加专业化的方式调解劳动争议，遵循劳动关系发展的一般规律，找准着力点，采取有效措施，进一步加强和谐劳动关系建设，提升劳动关系治理的治理效能。

第三节　工会组织与劳动关系

一、工会组织与劳动关系的定位

（一）工会组织的性质及使命

中国工会是中国共产党领导的工人阶级群众组织，是党联系职工群众的桥梁和纽带，是社会主义国家政权的重要社会支柱。在多样化的基层协商民主体系中，工会是基层协商民主的重要主体，在推动基层协商民主、发展基层群众自治制度中占据重要地位。马克思从人口论入手，指出人与人之间存在一定的竞争，且被资产阶级借以破坏工人间的团结，而工人联合会的目的是消灭竞争，代之以工人的联合，明确了工会是工人联合的组织。列宁进一步将国家比喻为一个由若干齿轮构成的动态系统，无产阶级执政党处于领导地位，而工会是联系政党与群众的“传动装置”，在国家建设中发挥着重要作用。

在新民主主义革命时期，毛泽东指出，劳动组合的目的，不仅在团结劳动者以罢工的手段取得优益的工资和缩短工作时间，尤在养成阶级的自觉，以全阶级的大同团结，谋全阶级的根本利益。在社会主义革命和建设时期，毛泽东认为，工会工作更要以生产建设为中心，并进一步指出党、政、工三方面共同的目的都是搞好生产。在改革开放时期，邓小平重申，工会组织都必须密切联系群众，使广大工人都感到工会确实是工人自己的组织，是工人信得过的、能替工人说话和办事的组织。江泽民指出，希望工会组织紧紧围绕全党全国的工作大局创造性地开展工作，更好地发挥党联系职工群众的桥梁和纽带的作用。胡锦涛指出，切实把表达和维护广大职工群众的利益作为工会一切工作的出发点和落脚点，依法维护职工群众权益。进入新时代，习近平总书记指出，我国工运事业是党的事业的重要组成部分，工会工作是党治国理政的一项经常性、基础性工作。要坚持党对工会工作的领导，团结动员亿万职工积极建功新时代，加强对职工的思想政治引领，加大对职工群众的维权服务力度，深入推进工会改革创新，勇于担当、锐意进取，积极作为、真抓实干，开创新时代我国工运事业和工会工作新局面。

（二）工会组织的作用

中国特色社会主义进入新时代，我国社会主要矛盾已经转化为人民日益增长的美好生活需要和不平衡不充分的发展之间的矛盾，职工群众的需求也呈现多样化、多方面、多层次等新趋势，对工会的服务意识、服务资源、服务能力等都提出了新要求。习近平总书记指出，工会要坚持以职工为中心的工作导向，抓住职工群众最关心最直接最现实的利益问题，认真履行维护职工合法权益、竭诚服务职工群众的基本职责，把群众观念牢牢根植于心中，哪里的职工合法权益受到侵害，哪里的工会就要站出来说话。

当前，我国社会主要矛盾发生新变化，劳动关系矛盾也呈现复杂化、多元化发展趋势。中国工会坚持维护职工合法权益、竭诚服务职工群众，积极稳定职工队伍，促进和谐劳动关系。中国工会作为党领导下的工人阶级群众组织，是劳动精神、劳模精神和工匠精神的主要传承者和发扬者；在产业工人队伍建设改革、构建和谐劳动关系、职工权益维护、“智慧工会”建设等方面充分发挥担当作为；也是实现“共同富裕”的有力、积极的推动者。

（三）工会组织与劳动关系

工会组织是劳动者利益的代表，在现代各种社会组织中，工会组织是劳动关系矛盾的产物，为维护广大职工群众的利益服务，面对新的复杂多样的形势和挑战，通过积极采取措施，推动劳动关系的和谐发展。

劳动关系问题从本质上来讲是社会问题，一个国家的劳动关系如何发展，和这个国家的时代背景、发展条件密切相关。习近平总书记强调，要把竭诚为职工群众服务作为工会一切工作的出发点和落脚点，全心全意为广大职工群众服务，认真倾听职工群众呼声，维护好广大职工群众包括农民工合法权益，扎扎实实为职工群众做好事、办实事、解难事，不断促进社会主义和谐劳动关系。

工会既站在职工的角度为职工说话办事，维护好职工的利益，也从维护社会稳定的角度，加强对职工的引导；通过代表职工群众主动参与立法和政策制定，从制度上、源头上保障职工群众利益、发展职工群众利益；深入研究劳动关系领域存在的突出问题，有针对性地做好工作，是构建中国特色和谐劳动关系的重要力量。

二、发挥工会组织在构建和谐劳动关系中的作用

（一）加大工会覆盖面，保障劳动者合法权益

随着互联网技术的发展，我国新经济组织、新社会组织、新兴群体不断涌现，要积极维护好这些领域劳动者的合法权益，通过提高工会的覆盖范围，积极将新就业形态劳动者纳入工会的组织范围。首先，通过加强工会组织力度，提供便利入会条件，积极吸纳平台企业劳动者入会；其次，对不具备单独建立企业工会条件的中小企业，以产业园区、行业工会作为突破口，建立区域（行业）工会；最后，加大城市社区工会建立，增加工会的覆盖面，提高劳动者的入会率。同时，在积极建会的基础上，要加大对新业态劳动关系的研究，防止企业在用工中绕开劳动法律保护劳动者的框架，要保护符合劳动关系特征的劳动者的合法权益；要为广大职工提供物质帮助并协助困难职工解困脱困，为其提供法律援助和权益保障服务，加强劳动者权益保障。

（二）健全相关法律规章，协调推进三方协商机制

近年来，随着经济结构转型与产业不断升级，加之劳动关系主体的利益诉求越来越多元化，为构建和谐劳动关系带来了极大的挑战，职工权益维护也出现了诸多新问题，工会要借助以《劳动法》《劳动合同法》为基础的法律体系，充分利用三方协调机制，为职工群众争取权益。

伴随新就业形态的快速发展，工会组织要推动完善相关法律法规，厘清劳动关系的认定标准：一方面保持新业态用工的灵活性，另一方面清晰划分劳动者和企业双方合理的权利和义务。要通过充分听取新业态劳动者的呼声，畅通劳动者表达自身诉求的渠道，积极组织新业态劳动者入会等形式，推进建立工会与政府、相关平台企业在工时、工资、劳动条件、劳动标准等方面的三方协商机制，维护新业态劳动者的劳动权益。

（三）培养基层工会治理能力，加强工会服务建设

工会在构建和谐劳动关系中发挥作用，优势在基层，工作的重点也在基层。面对转型期日益复杂的劳动关系，培育基层工会的治理能力是构建和谐劳动关系的重要途径。首先，充分发挥基层工会组织的力量。要树立大抓基层、大抓基础的导向，增强基层工会活力。其次，积极吸纳优秀有志青年进入工会组织，提升基层工会工作人员的能力素质。最后，不断创新群众化的工作方式，增强服务意识，以职工需求为导向，站在职工立场分析问题、解决问题，以职工喜欢的方式做工作，加强工会服务建设。

第四节　积极构建和谐劳动关系

一、劳动关系与和谐劳动关系

劳动关系是最基本的社会关系之一。劳动关系和谐与否，不仅关乎

劳动者的合法权益与企业的长足发展，更关乎社会主义和谐社会的构建以及中国特色社会主义各项事业的顺利推进。要最大限度增加和谐因素、最大限度减少不和谐因素，构建和发展和谐劳动关系，促进社会和谐。依法保障职工基本权益，健全劳动关系协调机制，及时正确处理劳动关系矛盾纠纷，积极推进和谐劳动关系建设。

和谐劳动关系为我国经济发展提供了良好的舆论氛围，构建和谐劳动关系是转变经济发展方式、促进经济持续健康发展的当务之急：对于劳动者来说，劳动关系和谐与否直接影响个人的身心健康，和谐劳动关系能够充分调动劳动者的责任心、创造力与工作热情；对于企业来说，和谐劳动关系将会提高企业的生产效率，对企业的长远发展大有裨益；对于社会来说，劳动关系影响就业及社会财富的创造，建立和谐劳动关系是保障和改善民生的重要内容，是创新社会治理的重要手段，是维护社会公平正义的重要保证，也是构建和谐社会的重要支撑。必须高度重视和谐劳动关系的构建。

二、加强构建和谐劳动关系的法治保障

构建和谐劳动关系是一项长期而艰巨的任务，需要综合治理、持续发力、久久为功。自新中国成立到改革开放前，我国劳动关系是在计划经济体制下由政府统一组织领导，具有单一性的特点，改革开放后则转变为市场主导型，逐渐走向契约化、多样化。2004 年 9 月，党的十六届四中全会阐述了社会和谐与劳动关系的联系，明确了要调动一切积极因素，妥善协调各方面的利益关系。2006 年 10 月，党的十六届六中全会审议通过了《关于构建社会主义和谐社会若干重大问题的决定》，指出要提高社会管理水平，发展和谐劳动关系。2007 年 10 月，党的十七大报告指出要规范和协调劳动关系。2008 年 1 月颁布的《劳动合同法》《就业促进法》《劳动争议调解仲裁法》等进一步健全了劳动法律体系。2010 年

10 月，党的十七届五中全会特别强调要促进就业、构建和谐劳动关系。2012 年 11 月，党的十八大报告提出，要健全劳动标准体系和劳动关系协调机制，加强劳动保障监察和争议调解仲裁。2015 年 3 月，中共中央、国务院在《关于构建和谐劳动关系的意见》中提出，深入贯彻习近平总书记系列重要讲话精神，贯彻落实党中央和国务院的决策部署，坚持促进企业发展、维护职工权益，坚持正确处理改革发展稳定关系，推动中国特色和谐劳动关系的建设和发展，最大限度增加劳动关系和谐因素，最大限度减少不和谐因素，促进经济持续健康发展和社会和谐稳定。2017 年 10 月，党的十九大报告指出，破除妨碍劳动力、人才社会性流动的体制机制弊端，使人人都有通过辛勤劳动实现自身发展的机会。完善政府、工会、企业共同参与的协商协调机制，构建和谐劳动关系。

三、我国构建和谐劳动关系的途径

推动构建中国特色和谐劳动关系，要健全党委领导、政府负责、社会协同、企业和职工参与、法治保障的工作机制，在多方主体的共同努力下妥善处理好劳动关系，建立规范有序、公正合理、互利共赢、和谐稳定的劳动关系。

（一）坚持以人民为中心的根本立场

1. 构建中国特色和谐劳动关系必须紧紧依靠劳动

劳动是人类的本质活动，是人类社会存在和发展的基础，也是促进人类社会进步的根本力量。构建中国特色社会主义劳动关系，实现劳动关系和谐稳定，必须要紧紧依靠劳动，在全社会营造尊重劳动、尊重知识、尊重人才、尊重创造的氛围，引导广大人民群众树立辛勤劳动、诚实劳动、创造性劳动的理念，让劳动光荣、创造伟大成为铿锵的时代强音，让劳动最光荣、劳动最崇高、劳动最伟大、劳动最美丽蔚然成风。

2. 构建中国特色和谐劳动关系必须紧紧依靠广大劳动群众

工人阶级和广大劳动群众始终是推动我国经济社会发展、维护社会安定团结的根本力量。构建和谐劳动关系要坚决捍卫劳动者的主体地位，充分发挥我国工人阶级的主力军作用，始终坚持人民主体地位，充分调动工人阶级和广大劳动群众的积极性、主动性、创造性，把蕴藏于工人阶级和广大劳动群众中的无穷创造活力激发出来，把工人阶级和广大劳动群众的智慧和力量凝聚到推动社会主义建设的各项事业上来。

3. 构建中国特色和谐劳动关系必须大力弘扬劳模精神

爱岗敬业、争创一流、勇于创新、淡泊名利、甘于奉献的劳模精神不仅是民族精神的体现，也是时代精神的重要体现。构建和谐劳动关系不仅要有切实的行动，也要有精神力量的支撑、劳动情怀的浇灌。面对新形势新任务新挑战，要勤于创造、勇于奋斗，大力弘扬劳模精神，加大对劳动模范和先进工作者的宣传力度，通过宣传劳动模范的先进行为，为广大企业和职工树立榜样，形成全社会崇尚劳动的良好氛围，努力在全面建设社会主义现代化国家新征程上创造新的时代辉煌、铸就新的历史伟业。

（二）加强政府组织领导与统筹协调

1. 加强立法工作，切实贯彻相关法律法规

各级党委和政府要通过立法手段加强对劳动关系的调控，进一步完善相关配套法律法规和政策。补齐法律短板，完善灵活就业人员劳动权益保护制度，创新劳动关系认定标准，健全劳动关系法律法规体系，实现劳动关系治理有法可依。把有关法律法规贯彻落实到构建和谐劳动关系的各项工作中，加强政策法规宣传，创新监察执法方式，规范执法行为，加强对企业用工制度的监督管理，对于劳动违法案件发现一起处理一起，实现劳动关系治理有法必依、执法必严。

2. 建立健全相关领导协调机制

各级党委和政府要积极完善符合我国国情的三方协商机制，改革创新三方协商机制组织建设，在保证政府、工会和企业三方主体独立、权利平等的基础上进行民主协商，达成共识，进而实现充分合作。健全劳动争议调解仲裁机制，及时解决重大劳动关系问题，完善劳动关系群体性事件的预防和应急机制，有效预防和解决劳动领域的各种矛盾。

3. 加强和创新社会治理，保障和改善民生

政府要转变观念，提高服务职能，优化企业发展环境，稳定就业市场，实施就业优先战略，保证劳动者拥有平等的就业机会。把广大职工的经济权益、政治权益、文化权益放在重要位置，切实保障劳动者的各项社会保险，尤其注重灵活就业劳动者的权益保护。对于就业弱势群体给予一定的政策与制度保障，坚决排除阻碍劳动者共享劳动成果的体制机制障碍。开展普法教育，提高劳动者的维权意识，深入推进和谐劳动关系创建活动。

4. 加大构建和谐劳动关系宣传力度

充分利用新闻媒体和网站，大力宣传构建和谐劳动关系的重大意义，宣传党和政府的方针政策和劳动保障法律法规，宣传构建和谐劳动关系取得的实际成效和工作经验，宣传企业关爱职工和职工奉献企业的先进典型，形成正确舆论导向和强大舆论声势，营造全社会共同关心、支持和参与构建和谐劳动关系的良好氛围。

（三）营造构建和谐劳动关系的良好环境

1. 积极承担社会责任

企业是社会经济发展的细胞，和谐劳动关系是企业长久发展的生命线。企业应切实承担报效国家、服务社会、造福职工的社会责任，自觉关心爱护职工，主动拉近同职工之间的距离，努力改善职工的工作、学

习和生活条件，为他们排忧解难，加大对困难职工的帮扶力度，维护劳动者的合法权益。

2. 依法保障职工的基本权益

企业应自觉遵守劳动法律法规，切实保障职工获得劳动报酬、休息休假、劳动安全卫生保护、享受社会保险和接受职业技能培训的权利。要加强企业民主管理制度建设，完善以职工代表大会为基本形式的企业民主管理制度，依法保障职工的知情权、参与权、表达权、监督权。要秉持共享理念，让广大职工共享企业发展成果，确保职工薪酬和企业效益同步增长。

3. 营造健康和谐的企业文化

要注重员工的精神需求和心理健康，及时了解掌握职工思想动态，有针对性地做好思想引导和心理疏导工作，建立心理危机干预预警机制。企业应树立人文关怀理念，关心爱护广大职工，以职工为本，营造良好的工作氛围，积极组织开展形式多样、丰富多彩的文化体育活动，丰富职工的文化生活，增进职工对企业的认同感与归属感。

（四）充分发挥劳动者在构建和谐劳动关系中的作用

1. 加强自身思想道德建设

劳动者要自觉加强思想政治教育，积极践行社会主义核心价值观，树立正确的世界观、人生观和价值观，追求崇高的职业理想，立足本职、敬业奉献，自觉遵守职业道德与劳动纪律。要热爱自己的本职工作，增强主人翁意识，处理好个人利益与企业利益之间的关系，始终做构建和谐劳动关系的参与者与推进者。

2. 加强自身知识与技能建设

劳动者要自觉加强专业知识与技能的学习，加强文化学习，拓宽知识面。紧跟时代发展，着眼行业新需求，学习新技术，掌握新技能，提高职业素养。

（五）拓展工会服务功能

1. 加强工会组织建设

各级工会要积极加强组织建设，扩大工会组织覆盖面，推进企业普遍建立职工代表大会制度等企业民主管理制度并切实发挥作用，推进各大企业厂务公开制度化、规范化。进一步拓展工会帮扶（服务）中心、基层帮扶服务站点功能，聚焦新就业形态劳动者需求，创新开展新就业形态劳动者关爱服务项目，精准服务新就业形态劳动者，依法保障职工基本权益。

2. 发挥工会平等协商作用

工会应畅通职工与企业沟通渠道，构建职工维权体系，健全劳动关系矛盾调处机制。积极协调和增进劳资双方之间相互了解，实现协商共事、机制共建、利益共享，充分发挥工会在促进企业发展、团结职工中的作用，助力企业健康发展。

思考题：

1. 我国劳动关系发展演进的主要动力有哪些？
2. 如何认识工会组织在我国劳动关系中的作用？
3. 当前我国应如何构建和谐劳动关系？

第七章　劳动教育方法

树立劳动教育目标、强化劳动教育效果、关注劳动教育结果是当前开展劳动教育的新任务、新课题，对此，我们必须将劳动教育方法的学习置于重要位置。本章内容将围绕相关劳动教育方法展开，旨在从多方面、多角度、多体系了解劳动教育方法。

第一节　劳动教育的认识方法

一、理论教育法

理论教育法，也称理论讲授或理论学习方法，涉及教师和学生两个主体。通过教师有计划、有目标、有方法地“传道授业解惑”，学生要完成劳动教育相关理论的学习、汲取、接收和使用。不积跬步无以至千里，夯实理论基础是更好地开展劳动教育的基础，因此，理论教育法是大家开展劳动教育的根基。

（一）理论教育法的经验来源

学习理论，并在理论的指导下正确开展工作是我们党延续至今的优良作风。理论教育的存在有其必然性，因为原理概念、思想观念、道德准则等有其自身的发展规律和特殊作用，体现在意识对社会存在的反作用上。这种反作用的表现，也是人的主观能动性的表现。“社会实践的继续，使人们在实践中引起感觉和印象的东西反复了多次，于是在人们的脑子里生起了一个认识过程中的突变（即飞跃），产生了概念。概念这种东西已经不是事物的现象，不是事物的各个片面，不是它们的外部联系，而是抓着了事物的本质，事物的全体，事物的内部联系了。概念同感觉，不但是数量上的差别，而且有了性质上的差别。”① 毛泽东在《实践论》中的阐释说明，通过在实践中体验、学习及运用一定的思想，使得人们特有的主观能动性得到发挥，同时，产生了概念或理论。“在马克思主义看来，理论是重要的，它的重要性充分地表现在列宁说过的一句话：‘没有革命的理论，就不会有革命的运动。’……如果有了正确的理论，只是把它空谈一阵，束之高阁，并不实行，那么，这种理论再好也是没有意义的。”② 因此，在一定的情况下，对理论或思想的学习和掌握，反过来对社会实践的发展起着决定性的作用。

从上面的追溯可以看出，人对理论、概念、观念、精神是有需求和需要的，而这也正是理论教育法存在的合理性和必然性。尽管今天的社会情况已和过去截然不同，但对原理的学习、对理论的研究永不会过时。对劳动教育理论的汲取和运用，不可能在不学、不教的情况下全面掌握，而是需要通过多种方式、多种方法、多种途径展开教育和学习。因此，教授理论、学习理论仍然是当今时代开展各种教育的重要途径。

（二）理论教育法的开展方式

1. 汲取法

汲取法是教师通过语言表述，向学生传授理论知识、传递理论观念、阐释理论概念，学生要在此过程中完成对劳动教育理论的汲取。汲取法依托讲授法得以开展，在大家日常融入劳动教育的方式方法中占据主流地位，具有高效、直接、便捷的优势，也是能够切身参与到劳动教育过

① 毛泽东选集：第1卷［M］. 北京：人民出版社，1991：285.

② 毛泽东选集：第1卷［M］. 北京：人民出版社，1991：292.

程中至关重要的方式方法之一。汲取法侧重对知识的摄取，教师生动、形象、客观地向学生讲述理论观点。例如，每名同学在一开始接触劳动教育时，首先必须要明确劳动主体、劳动对象、劳动工具等基本理论知识，以此构建出完整的理论框架；汲取法侧重通过有深度、有逻辑、有内涵的讲解将所学知识融会贯通，如对劳动模范的光辉典范作用引出的劳动精神、劳动态度、劳动价值观的感悟，大家要在潜移默化中深谙其中道理，达到内化于心、外化于行的效果。

论史实、摆事实、讲道理是汲取法的基本原则，即学生在学习过程中不能空谈空论、夸大其词、不切实际，要在求真、求实、求面面俱到的标准下，直击自身心灵深处。此外，结合劳动教育开展实际，在学生能够将道理说清、说明、说透的基础上，还应构建严密的学科知识结构，保持学习的进阶性，厘清知识点间的内在联系，建立新旧知识结合点。

2. 理论学习法

学生通过有组织、有计划、有目的的个人或集体学习，学习关于某一方面的理论、政策、方针的学习方法称为理论学习法。理论学习法是以书籍、文献、报刊、网络文摘为载体的自我学习、自我教育方法。

学生对于劳动教育及劳动教育方法的掌握，根源上离不开对劳动本质的学习，其中包括对马克思主义劳动观、中国传统劳动观、中国特色社会主义劳动观等内容的汲取，此部分内容也多从书籍及文献中获取。理论学习法为大家创造了广泛涉猎原著的机会，引导学生在读原著的过程中进行自我学习、思考和运用。理论学习法以文字阅读为主，在理论学习过程中，应遵循以下三种原则：一是围绕所学理论的主题确立阅读书籍、文献、资料等范围，列出所需书单或相应文献类目；二是在理论学习过程中，针对重点、难点、创新点向专业教师寻求必要的辅导，提升自身理论学习效果；三是积极参与理论学习交流活动，形成良好学习氛围，在学生群体间相互交流体会、交换方法、交汇经验，最大限度推动自身理论学习活动向深入发展。

在理论学习法中，理论研讨是很重要的环节。学生主要通过研究、讨论的方式对理论学习内容进行升华，由个人先总结学习心得，而后通过理论研讨会等形式互相交流成果。通过理论研讨的方式将学习、研究、讨论结合在一起，有利于大家深化理论学习，有利于酝酿出良好学习成果，有利于得到更多启发，可以将其作为开展理论教育的重要措施。

3. 宣传法

宣传法是理论教育法中最为生动、活跃的教育方法。所谓宣传，就是学生通过传播媒介来接收正确理论、先进思想、典型范例的灌输。伴随信息时代的飞速发展，进行宣传教育的传播媒介不单单局限于宣传栏、报刊、广播等传统方式，网络作为新兴传播媒介，能够配合和辅助传统媒介，达到更好的宣传教育效果。在开展劳动教育过程中，青年学生要自主、自发地在多种多样的宣传教育方式和良好学习氛围下，不断激发自身学习动力，更好消化劳动原理、劳动观念、劳动政策等理论概念。例如可以观看和浏览相应的专题节目、网络信息，亦可采取大家喜欢的短视频、短新闻、短信息等方式，达到理论与实际相结合，学习与运用相结合，引导与示范相结合。

需要注意的是，同学们在参与宣传教育时，必须不脱离自身实际、不脱离学校要求、不背离教育需要，不能只看到形式，看不到本质。整个过程要时刻提醒自己重理论、重实际、重强化。

（三）理论教育法的适用原则

理论教育法在整个劳动教育方法中具有重要地位，它是理解劳动教育理论体系和参与劳动实践的基础。学生作为参与劳动教育的主体，必须搞清楚它适用的原则和条件。

首先，从受教育主体看。学生群体作为受教育主体，要完整、准确、全面理解劳动教育相关理论内容，深刻领悟国家相关方针政策，广泛学习国外相关知识理论，注重理论联系实际。同时，还应尊重理论学习，要主动、积极、踊跃地参加到理论学习中去，配合好教师，形成良性互动，将理论教育方法的功能发挥到最大化，在学习的过程中不能断章取义、乱下定义。

其次，从所学内容看。理论教育法能在学生群体中更好发挥作用的一项重要原则是教育内容必须坚持理论与实际相结合，不能脱离实际谈理论，也不能脱离理论搞实践。在开展过程中，学生应自觉运用马克思主义的立场、观点、方法来思考和解决问题，同时，在接收理论过程中切忌照本宣科，不要形成死记、硬记的学习风格，避免教条主义倾向。大家还应考虑到自身的思想觉悟、知识储备、成长环境，以便更融洽地融入理论教育中。

最后，从受教育方式看。在当今教育模式下，理论教育通常以寓教于乐、寓情于理的形式开展，大家要善于发掘其中的生动性和趣味性。同时，还要主动、积极、有目的地创新教学模式，使学生思维得到最大限度的开发，使理论学习变得生动活泼、有记忆点，进而对劳动教育产生浓厚的兴趣和向往。

二、社会调查法

社会调查法是作为劳动教育主体的青年学生有目的、有计划、有系统地收集有关研究对象社会现实状况或历史材料的方法，并对调查、收集到的资料进行分析、归纳、总结，借以发现其中的问题。简单地说，就是了解情况、认识社会、发现问题、解决问题的过程。社会调查是研究社会的根本方法，是大家感受劳动教育最为直观的方式方法之一。

（一）社会调查法的经验来源

社会调查法是了解社会、认识社会、解决问题的具体方法，它对我们开展劳动教育具有重要的借鉴意义。追溯社会调查法的经验来源，我们主要围绕毛泽东的相关“调查”思想展开学习。

其一，以问题为导向。毛泽东在艰难的革命时期勇于寻找突出矛盾和亟待解决的问题，进而以问题为导向，开展大量的社会调查实践活动。《湖南农民运动考察报告》就是其围绕农民问题展开相关实地调查的成果，毛泽东提出：“目前农民运动的兴起是一个极大的问题。”① 在《反对党八股》中，毛泽东提出：“什么叫问题？问题就是事物的矛盾。哪里有没有解决的矛盾，哪里就有问题。”② 当问题被发现和提出后，毛泽东指出：“调查就像‘十月怀胎’，解决问题就像‘一朝分娩’。调查就是解决问题。”③

其二，以实践为导向。实践是认识的来源、动力和基础，也是检验认识是否正确的唯一标准。毛泽东坚持马克思历史唯物主义观点，在《反对本本主义》中作出“没有调查，就没有发言权”的重要论断，印证了毛泽东将调查实践作为认识和理论的来源。

其三，以群众路线为导向。“人民群众是历史的创造者”，群众观点是我们党的马克思主义唯物史观在现实生活中的真实体现，也是我们党开展一切工作的出发点和落脚点。“人民，只有人民，才是创造世界历史的动力。”④ 毛泽东将人民视为实践和认识的主体，认为社会调查必须始终贯穿人民群众的观点。也就是说，社会调查要向群众学习，并引导群众更好地认识和改造世界。

（二）社会调查法的应用要求

调查情况、获取信息、分析问题、解决问题是参与劳动教育的重要过程，需要明确的是，这个过程的良性运转需要依托社会调查方法才能得以实现。由于劳动教育的实施与开展是相对崭新的课题，所以对相关

---

① 毛泽东选集：第 1 卷［M］. 北京：人民出版社，1991：12.
② 毛泽东选集：第 3 卷［M］. 北京：人民出版社，1991：839.
③ 毛泽东选集：第 1 卷［M］. 北京：人民出版社，1991：110-111.
④ 毛泽东选集：第 3 卷［M］. 北京：人民出版社，1991：1031.

信息的调查与收集具有一定的复杂性，需要有毅力、有体系、有规划。在学科领域内，“调查方法是获得思想政治教育信息的主要方法，离开科学调查，就会对思想情况作出错误的分析乃至唯心主义的估量，不仅不能正确解决思想问题，而且会导致思想混乱”①。开展劳动教育必须掌握科学的调查方法，坚持从实际出发，不夸大、不缩小，正确对待调查数据，合理解决其中问题。

1. 坚持求真务实

社会调查的宗旨就是要听到真实声音、汇集真实材料、解决真实问题、反映真实情况，所以从调查起始到调查末端都要求真务实。一方面，调查者要真做、真查、真研究，用真实数据说明情况，并要发表真实情况，不能弄虚作假；另一方面，要善于考究被调查对象、材料、内容的真实性，只有依据真实情况才能反映真实问题，否则只是做无用功。

2. 坚持理论与实践相统一

掌握理论知识是更好地开展社会调查的重要保障，它在社会调查的规划、实施、总结等重要阶段均起着引领作用，使社会调查有根基、有方向、有体系。简言之，社会调查的开展不能脱离理论的指导。例如，围绕“教育引导青少年培养劳动精神”的现状展开调查，在调查实施前，参与社会调查的学生必须掌握相关历史脉络、劳动概念、文件精神等理论知识，以此作为支撑。承担调查任务的学生所具备的理论知识水平在整个社会调查的过程中起着重要的支配作用，决定着调查研究的深度和广度。更重要的是，大家所掌握的理论知识也需要通过调查研究得到检验，进而得到丰富。

3. 坚持价值倾向性与科学性相融合

在社会调查法的具体开展中，由于每名学生的立场、观点、想法不尽相同，也可能达不到完全的一致，这种价值倾向性或多或少会对社会

---

① 郑永廷. 思想政治教育方法论［M］. 北京：高等教育出版社，2010：67-68.

调查的科学性产生影响。这就要求参与社会调查的学生必须耐心倾听不同声音，正确对待不同意见，客观分析不同立场，而不是冷漠回避或是极力否定他人观点。要尽力做到价值倾向性和科学性两者的统一，善于听取不同意见，并要加以分析和讨论。

（三）社会调查法的几种典型方法

社会调查的具体实施方法多种多样，一般按照调查途径、调查对象、调查范围的不同加以区分，本书结合劳动教育的特点，主要围绕访问法、问卷调查法、文献调查法展开讲解。

1. 访问法

访问法是通过调查者与调查对象接触，以交谈、访谈的形式收集资料、获取信息的社会调查方式，特点是直接、灵活，能够较快获取信息。访问法与其他调查方法相比，学生在调查过程中可根据即时的反馈来弹性切换访谈。需要注意的是，参与社会调查的学生要合理控制访谈时间，在有限时间内捕捉到有用信息；参与社会调查的学生在访谈开始前要接受正规培训，充分了解调查对象及调查事物的基本情况，并对相关知识、理论、文件进行学习。

按照访问类型，访问法分为结构型访问和非结构型访问；按照访问人数，分为个别访问和集中访问。在访问法的学习上，我们主要探讨个别访问和集中访问两种形式。

（1）个别访问

个别访问，是调查者围绕劳动教育相关主题内容与被调查者进行单独交流、访谈，进而获得相关信息的方法。在个别访问过程中，参与调查的学生要善于捕捉有效交流信息，积极营造相对轻松和谐的交流氛围，这样能够使被调查者易于讲述事实，也有利于对调查内容展开深入讨论。学生作为参与调查研究的主体，在个别访问中可选用结构型访问和非结构型访问两种方式。结构型访问需要大家在访问前排布好谈话内容，制定好详细、标准的访谈提纲，并在访问中遵循事先制定好的提纲。这样做能够最大限度降低访谈脱离主题的情况发生，使访谈有目的、按计划进行。非结构型访问通常不依照统一标准，参与调查的学生要围绕研究的内容与被调查者进行自由交谈。这种方式容易营造轻松、自然、融洽的交流氛围，利于深入了解多方面情况，适合探索性研究，但需要承担调查任务的学生能够把控场面，及时引导偏离研究主题的谈话。

（2）集体访问

集体访问通常以座谈会、调查会的方式呈现。在召开座谈会或调查会前，需要相对有组织能力的学生对整个访问进行周密部署：一是要将调查提纲提前准备充分。调查提纲要将调查主题、大纲、细则、目的一一交代清楚，在此基础上，要做好组织引导工作，保证集体访问能够有中心、有原则、有组织地顺利进行。二是要学会合理搭配参加集体访问的人员。由于参加集体访问的人数是有限的，所以在范围之内要尽可能地搭配好人员，选择有代表性的人员参加，防止发言不充分等情况发生，并尽力消除参加集体访问同学的心理障碍，保证访问正常进行。集体访问围绕主题进行发言、讨论，对于学生群体来说相对简单易行，并且可以最大限度集中大家的智慧，听取不同意见，有利于打开思路，促进后续研究。

2. 问卷调查法

问卷调查法是书面调查法中比较常用的形式之一，是指调查者以调查和统计为目的，采取各种类型的表格或设问的形式让调查对象参与其中，最终获得可靠研究结果的社会调查方法。通常情况下，大家制作的问卷多适用于普遍性问题、理论性问题、评价性问题等。问卷调查的派发和参与形式一般采用邮寄、个别送达、集体分发等多种方式，相较访问法，大家在开展问卷调查时可以感受到调查内容可控、调查范围广、调查结果客观等优势。

问卷调查法是基于数学方法和统计原理的综合运用，需要说明的是，参与问卷调查的同学在采用该种方式开展学习和研究时，需要将劳动教育这一抽象理论命题变为具体的经验命题，使之以数量、指标、尺度的形式具体展现出来。在此基础上，设计问卷时要尽可能注意以下原则：表述问题要具体、通俗、准确、简明、客观，答案类型可选择开放型、封闭型、混合型。如若调查问卷涉及参考答案，则设计答案要遵守相关性、完整性、互斥性、可能性原则。围绕劳动教育主题，下面向同学们直观展示几类调查问卷，可作为今后开展调查问卷的参考。

表 1　您在校期间参与过什么劳动教育活动

（请在您参与过的活动前打√）

（　）学术报告会　（　）参观教育活动　（　）实践体验活动

（　）志愿服务活动　（　）“第二课堂”相关文体活动　（　）……

表 2　劳动教育活动评价调查表

（请您如实填写参加过的劳动教育活动，并对此作出评价，在相应的等级后打√）

名称 评价					
极好					
一般					
不好					

表 3　您对下列劳动教育活动兴趣度如何

（请您在对应兴趣度下打√）

	很感兴趣	还可以	不感兴趣
劳动教育讲座			
弘扬劳动精神的公益活动			
劳动教育社会实践活动			
劳动教育主题文体活动			

表 4　劳动教育相关问题答卷

（请您根据实际情况作答）

问题 1：您的学历层次？

A. 高中；B. 本科；C. 研究生；D. 其他

问题 2：您通过什么途径了解劳动教育最新文件精神？

A. 报刊；B. 电视；C. 网络；D. 他人口中

问题 3：您参与过劳动教育活动吗？

A. 参与过；B. 没参与过；C. 不清楚

问题 4……

调查问卷的设计绝不拘泥于以上几种形式，但无论采用何种形式，都要求问卷问题清晰、文字简明、概念准确，不能出现违背客观规律、违反纪律原则的表述。需要大家注意的是，调查问卷法这种社会调查方法也有其弊端。一方面，如果同学们选取的被调查者对问卷中内容不感兴趣、不熟悉，或设置的问题较多、文字比例大时，被调查者可能出现抵触情绪，此时这份调查问卷的结果就缺少客观性和真实性；另一方面，由于受篇幅、字数和表述能力的限制，调查问卷不能完全将大家想阐述的问题交代清楚，进而可能会造成调查主题不够明确、调查内容不够深刻、调查结果不够准确等问题产生。因此，建议将问卷调查法和其他社会调查方法结合使用。

3. 文献调查法

文献调查法，也称文献法、文献研究法，指主要通过收集、鉴别、整理文献材料，并通过对文献材料进行研究，形成对调查对象科学认识的方法。文献调查法虽然是传统调查方法，但其具有相对的权威性、广泛性、丰富性等特质，同学们使用起来也不会受时间、空间的限制。按照调查步骤，文献调查法也有其程序和原则，在此，向同学们加以说明：一般来说，我们要根据调查主体提出问题或假设，据此进行研究设计。在此基础上，依次开展收集文献、整理文献和撰写文献综述等步骤。比如，在研究中国传统劳动观时，“中国传统劳动观”即成为调查主体，如何围绕这一主体展开文献收集，或进行哪些细目的收集工作是提出的问题和假设，进而通过查阅相关文史资料、翻阅原著书籍、考察思想观点、对比古今中外研究状况等，对有关文献进行分析整理，最终完成“中国传统劳动观”的文献调查工作。

文献调查法与其他社会调查方法相比有其自身的优越性。一是文献调查法不受时间、空间限制，我们每个人都能够在使用过程中穿越古今、跨越中外，即时即刻查阅和了解文献资料；二是文献调查法多围绕书籍、报刊、论文等文献资料展开收集，从而使学生群体获得的资料相对权威、可靠，避免出现认知上的偏差；三是文献调查法是一种间接获取调查资料的方法，它只针对文献进行调查、梳理和研究，而不与调查对象接触，保证了大家获取调查资料的客观性、规律性和科学性。在进行文献调查的过程中要注意的是，务必筛选出权威、合理、合规的文献材料，不能盲目选用所有文献资料。需要注意的是，伴随网络技术的高速发展，青年学生在使用传统文献调查方法的基础上，利用互联网平台进行文献检索和收集也非常重要。

三、观察体验法

观察体验法，由观察和体验两部分共同组成，在具体实施过程中，观察与体验互为前提、互为辅助。结合本书主题，观察法，即通过同学们有目的、有计划地对劳动行为、劳动教育行为、弘扬劳动精神等行为进行观察，进而获取相关信息；体验法，即同学们身临其境体验、感悟、领会劳动及相关衍生行为的现象和蕴含其中的因果关系，从而得出深刻推理。观察体验法是一种发挥主观能动性的调查行为，学生的观看、听说、体察活动能够贯穿观察体验法的全过程。

（一）观察体验法在劳动教育中的应用原则

1. 客观性原则

客观性原则要求同学们必须客观看待被观察体验的主体及他们的言行，这是保证通过观察体验得出的结论具有真实性、可靠性、科学性的关键。所谓客观性原则，一是学生群体要坚持正确反映客观事物。在开展劳动教育相关认识活动时，为消除主观可变因素，大家必须以权威、科学、精准的劳动教育理论作为武装和指导，保证从观察体验开始到结束均能维持客观性。二是要保持良好的工作作风，将尊重客观实际作为展开观察体验方法的指南。在认识劳动和劳动教育的过程中不急于求成，要持之以恒地进行长期、反复观察，最大可能避免观察体验结果的片面性。三是进行劳动教育的认识活动时要注意选择典型的观察体验对象以及不受外界因素干扰的观察体验条件，进而获得客观、可靠、真实的观察体验结论。同学作为观察主体要明晰并理解的是，观察体验法无法做到像科学实验那样能够对结果真伪进行精准的求证，所以，坚持以上三点客观性原则，是对被观察体验对象的语言、行动等各个方面进行正确判断的保证，并保证观察体验最终取得正面收效。坚持以上客观性原则，有助于避免因认识、利益、过失等主观因素对观察体验全过程带来的损失，及时修正意识偏差，保证对劳动教育的认识的科学性。

2. 全面性原则

观察体验法的全面性原则要求广大青年学生在开展劳动教育相关认识活动的过程中要始终以唯物辩证法思想为指导，从整体出发。要学会确定具体观察体验的目的，通过培养兴趣，逐渐深刻感知被观察体验的主体，利用多种感官协调活动，最终通过分析比较、合理推敲、整理归纳，得出真实、科学、可靠的结论。全面性原则能够帮助大家明确调查目的、梳理调查思路、整合调查结果，使调查的全过程在有意识、有价值、有内容的前提下得到有效推进。

（二）进行观察体验的方式方法

1. 直接观察和间接观察

直接观察是指同学们要亲临现场或与被观察者直接接触，以取得第一手资料的一种方法。在参与劳动教育活动时，学生群体作为认知和行动的主体，要善于根据发现的问题思索出相应解决办法。例如，学生干部作为学生群体中的骨干力量，在组织“第二课堂”活动时遇到如何营造劳动气氛、如何将劳动与课外实践相结合等问题时，需要采取直接、深入、公开的实地考察方法，与其他学校学生会等组织建立沟通联系并实地参观，以此达到研究目的。这种实地考察的方法即是直接观察。间接观察是指以间接手段获取研究对象信息的一种科学观察方法。围绕劳动教育主题，这里提到的获取信息的间接手段一般指学生通过声话、影像、转述等方法获取研究资料。在开展直接、间接观察时，大家需要明确的是，间接观察是直接观察的必要补充，也是对直接观察的合理验证。

2. 主题观察与转向观察

主题观察与转向观察是帮助大学生群体获取思想政治教育信息的重要方式之一，在劳动教育方法中，此方法也适用于帮助获取劳动教育信息。从字面上看，主题观察就是同学围绕已确定好的主题、中心进行有计划的观察。这种观察方法多用于采集围绕某一特定主题开展的劳动教育活动的信息，可以针对单个学生活动行为，也可针对学生集体活动行为。转向观察则是为了应对学生在观察活动开展过程中发生偏离主题中心、原定主题受干扰、观察重心发生转移等情况，进而提出新主题的一种观察方法。此方法能较好地帮助大家及时解决偶发性事件。

3. 描述性观察与分析性观察

描述性观察是指作为劳动教育主体的学生，对观察对象（可以是人，也可以是行为）的外部形态和现象进行描述，以此获得关于观察主体的特征和功能的调查活动。青年学生对新生事物的感知能力强，在日常的学习和生活中，大家可以根据某一劳动行为、某一劳动榜样进行描述性观察，或组成学生专队走进农学基地、示范场所、典型项目等，了解其操作、运行、功能等特征。分析性观察需要大家在描述性观察的基础上对观察对象进行分析，要做到透过现象看本质。例如，通过对农学基地、示范场所、典型项目等的分析，感知崇尚劳动、热爱劳动等精神，并将其付诸实际行动。

（三）观察体验法的开展程序

观察体验活动不应该是机械的，而是思维指导观察、观察启发思维的相互作用过程，一般体现为循序和递进。循序程序一般用于相对简单现象的观察和分析上，遵循的步骤是：确定观察主题、制定观察方案、陈列实施方法、深入实地观察、分析观察材料、得出观察结论。而递进程序多用于对复杂现象的观察。对于复杂的现象，我们需要有次序、有步骤、有层次地进行细致和多次的观察。循序程序要借助充分的思考，分析观察主体各个部分之间的联系，从而获得有效成果。递进程序遵循的步骤是：从初步观察到初步判断，从深入观察到深入判断，直至抓住现象的实质。

第二节　劳动教育的实施方法

劳动教育的实施方法，是对劳动教育从认识向实践的发展。通过开展劳动教育实施方法，学生能够更好地融入劳动教育环境、劳动教育氛围中，进而取得劳动教育成效。从重要性上看，劳动教育实施方法是劳动教育方法中的关键一环。学生能够使用的劳动教育实施方法种类繁多，本节将选择最符合校园特点、青年学生特点的几种实施方法展开讲解。

一、实践锻炼法

在劳动教育方法的使用中，实践锻炼法在能动地改造劳动教育客观世界的过程中，也为改造学生的主观世界提供了可能性。实践锻炼法是组织、引导学生积极参加多种实践活动，并在此过程中逐步提高认识能力、升华道德觉悟的方法。

（一）实践锻炼法的理论根基

马克思主义认识论是实践锻炼法的理论根基。一方面，社会实践是人们思想形成与发展的来源。人的思想是外在环境和客观事物在头脑中的映射，而社会实践则是人与外在环境沟通、与客观事物联结的桥梁。人们形成正确的思想必须通过实践才得以完成。正是通过实践，人才得以透过现象掌握事物的本质和规律，并因此形成正确的世界观、人生观、价值观，树立崇高的道德理想，形成正确的思维观念。若没有社会实践作为基础，人们就只能看到事物的表象，无法掌握事物的本质和规律，也将丧失正确思想的来源。进一步说，社会实践也在一定程度上推动人思想的发展。社会实践的不断发展会持续带来新问题、新课题、新挑战，同时推动人们产生新想法、开辟新领域、形成新观念。此外，社会实践的发展也在不断为人们提高认识能力和拓宽思想边界供给新的材料和工具。

另一方面，社会实践是对思想认识的检验。马克思提出："人的思维是否具有客观的真理性，这不是一个理论的问题，而是一个实践的问题。人应该在实践中证明自己思维的真理性，即自己思维的现实性和力量。"[①]这说明，社会实践在推动人思想、认识前进的同时，它同时也是对思想和认识的检验。劳动教育帮助人们形成正确的劳动观念、弘扬积极的劳动精神、学习先进的劳动知识，其目的是指导人们去正确劳动，并且正确看待劳动和劳动者，也是为了帮助人们在现实的劳动和劳动教育中正确分析及处理各种问题。唯有社会实践能够检验人们的观点、看法、认知是否正确，并把人的思想转变成存在的现实。

---

① 马克思恩格斯选集：第1卷［M］. 北京：人民出版社，2012：132.

（二）开展实践锻炼法的方式方法

开展实践锻炼法的方式方法多种多样，其目的都是“从做中学”，更好地从“身”和“心”两个层面加深对劳动教育的体验和领悟。学生作为劳动教育主体，在其中要有意识地培养和提高自身的劳动习惯、劳动品质，帮助自身塑造热爱劳动、尊重劳动的优秀品格。在诸多实践锻炼方式方法中，本书将选取劳动教育和社会实践两种方法，并在其中融合社会考察和志愿者活动等实践锻炼方法。

1. 劳动教育

需要说明的是，在这里所说的劳动教育是作为一种参与实践锻炼的方法，与本书劳动教育主题有所区别。劳动教育要求每名同学均要形成科学劳动价值观、树立正确劳动态度、培养优良劳动品德、掌握劳动知识技能。“无论是脱离生产劳动的教学和教育，或是没有同时进行教学和教育的生产劳动，都不能达到现代技术水平和科学知识现状所要求的高度”①，“马克思、恩格斯、列宁和毛泽东同志都非常重视教育与生产劳动的结合……这是培养理论与实际结合、学以致用、全面发展的新人的根本途径”②。因此，需要广大青年学生明晰的是，同生产劳动相结合的教育方式是一门必修课，是促进自身全面健康发展的重要途径。

随着社会实践的发展，劳动教育的内容、方式、载体也应不断发展。生产劳动、义务劳动、家务劳动、脑力劳动等都是青年学生参与劳动教育的具体方式。例如，邓小平提出：“无论是从事科研工作的，还是从事教育工作的，都是劳动者。科研工作、教育工作是脑力劳动，脑力劳动也是劳动。”③ 所以，无论是进行哪种方式的劳动教育，青年学生都要在参与过程中明确劳动与人、劳动与社会、劳动与历史的重大关联；养成

---

① 列宁全集：第 2 卷［M］. 北京：人民出版社，1984：461.
② 邓小平文选：第 2 卷［M］. 北京：人民出版社，1994：107.
③ 邓小平文选：第 2 卷［M］. 北京：人民出版社，1994：50.

勤于创造、勇于奋斗的劳动习惯；坚定劳动是一切幸福源泉的观念；树立尊重劳动、关心劳动者的正确劳动观点；形成以勤奋劳动为荣、以不劳而获为耻的劳动态度。

要使劳动教育这一实践锻炼法充分发挥作用，大家还要明确劳动教育的要求和意义，积极、主动地投入各项劳动教育活动中去，在参与的过程中通过体验、感悟与认知，加深对正面劳动价值观的归属和认同，进而能够自觉、自主地去体验劳动和感受劳动带来的愉悦。

2. 社会实践

教育要同生产劳动和社会实践相结合，社会实践是学生参与劳动教育至关重要的步骤。社会实践是来源于生活、服务于社会的教育方法，解决社会问题、回馈社会也是同学们参与劳动教育的意义之一。以下将向大家说明参加社会实践的原则和方式。

在开展社会实践前，进行社会考察十分关键。在社会考察阶段，首先，参与社会实践的学生要明确考察的目的、对象和范围，做好考察计划。其次，在教师的充分引导下，大家要深刻领会考察的意图和相关要求。最后，要在充分的指导下参加实践活动，在活动的过程中做好实践记录，即时整理实践资料，根据记录和资料完成实践报告。参加校外劳动教育活动是学生融入社会实践的一种方式。在社会考察环节，学校要有计划地将开展校外劳动教育活动融入学校整体教育工作规划当中。在载体上，大家可依据年级、专业、发展规划的不同选择劳动教育实践基地、综合实习基地或其他社会资源；在方式上，可选择农业劳动实践、服务业实习、研学交流等实践类活动。此外，以公益劳动和志愿服务为主的志愿者服务活动也是学生参与社会实践的重要方式之一。志愿者服务活动是有组织、有计划的实践类活动，在活动中，青年学生要主动运用自身专业、技能、知识奉献国家、社会、人民，将其升级为一种回馈社会的实践方式。例如，在国家的倡导和支持下，每年各高校均开展如

“西部计划”“寒暑期社会实践”“三下乡”“社区志愿服务行动”等各类志愿服务活动。多种多样的志愿者服务活动打通了学生与学校、家庭、社会交互的壁垒，通过志愿者服务活动，学生可以加深对劳动和奋斗的体验，加深对道德和奉献的理解，进而达到丰富内心世界、强化集体意识、深化劳动教育的目标。

二、榜样示范法

榜样示范法是通过典型的人或事进行正面示范，将抽象的理论通过真实的人物、典型的事例来呈现，从而达到内化于心、外化于行的共情效果。榜样示范法与理论教育法等认识方法相比，具有鲜明、生动、形象等特点，更富有感染性，也更容易激起同学们内心的情感共鸣。榜样发挥的示范作用包含着一定的共性，既能代表一般，又比一般突出。发现、树立、宣传榜样，向榜样学习，是学生参与劳动教育的重要途径。

（一）发挥榜样示范作用对学生群体的重要意义

榜样可以是个人，也可以是集体，其示范作用在于能够体现和代表先进、正能量的思想，是人民群众中的典范。因此，榜样示范也被称为正面典型。榜样示范法是我党传统的思想政治教育方法之一，具有深厚的理论和实践根基。无论是战争时期的英雄人物、革命先烈，还是为国家各个阶段建设付出辛勤努力的各行各业的时代楷模，他们的先进事迹、精神境界、卓越贡献都是宝贵的财富，其发挥的榜样作用历久弥新，永远具有新鲜的活力。

（二）发挥榜样示范作用在劳动教育中的表现

习近平总书记在全国劳动模范和先进工作者表彰大会上指出，劳动模范是民族的精英、人民的楷模，是共和国的功臣，高度提倡发挥劳动模范和先进工作者的重要作用。劳动模范是榜样示范作用在劳动教育中的体现之一，大家要将劳动模范作为一面旗帜、一根标尺，通过对自身潜移默化的影响达到教育作用。

首先，大家要明确劳模精神的科学内涵。“爱岗敬业、争创一流、艰苦奋斗、勇于创新、淡泊名利、甘于奉献”，习近平总书记概括的这24个字构成了劳模精神的科学内涵，也是中国一代又一代劳动模范优良传统的真实写照。其次，在劳模精神的指引下，大家要厘清应该从榜样示范作用中看到什么、学到什么、做到什么。作为青年学生，在将劳模精神内化于心的同时，必须明确本身的职责，要涵养劳动情怀、练就过硬本领、提高思想修养，将个人理想和国家梦想相结合，并通过劳动获取满足感、幸福感和尊严。最后，要结合自身实际情况，思考如何形成弘扬劳模精神的长效机制。

榜样的力量是无穷的，充分发挥榜样的示范、引导、激励等作用是实施有效教育的终极目标。广大青年学生需要做到的是：其一，自觉坚定理想信念。要把握多种活动、多种载体、多种场合的教育机会，学习、宣讲劳动模范的先进事迹，感化自身，更加深刻地理解劳模精神。其二，积极投身实践教育。例如，在高校结合专业优势，积极联系与特色专业相关的工匠和模范集体，搭建教学实践基地后，大家可利用教学实践时间或课余时间，在真实环境中感受劳动模范的榜样力量，进而激发自身热爱劳动、奉献社会的情感。其三，深刻感受以文化人。学生党员、学生团员、学生干部群体可以向学校提出倡议，将劳模精神融入学校各场所的文化建设中，在橱窗、走廊、餐厅等公共区域实现劳模精神的显性和隐性展示，实现全体学生时时刻刻受教育、方方面面受感化。

三、情境体验法

情境体验法是通过教师有目的地引入或创设具有一定情绪色彩的生动、具体的场景、情境、形象，使学生在身临其境中实现充分的身体体验、心灵感悟和情感交互。

（一）劳动教育中对情境体验法的运用

其一，情境体验法能够在开展劳动教育中建构真实劳动环境。学生作为劳动教育的主体，要认识到建构和导入真实场域，是帮助自身参与劳动教育并实现成果最大化的关键步骤。大家常见的工厂、车间、公共服务场所和劳动实践基地等都可作为参与劳动教育的场所，这些场所在为大家提供情境的同时，也提供了目标、任务和对象。家庭、学校、社区等学生日常接触到的场所，具有生活性、学习性、普遍性特征，也是进行情境体验法的重要场所。此外，图书馆、科技馆、文化馆以及网络虚拟空间也为大家参与劳动教育提供了特别的场域，在这里，大家更容易将自身所具备的专业知识与创造型劳动教育相融合。

其二，学生通过情境体验法能够体验相关劳动活动。通过情境体验法，青年学生可以投入劳动教育、深悟劳动精神、体会劳动魅力，增强其劳动教育的体验感。学生要通过亲身体验活动，做到感官与外界相连接、情感与情境相交融、认知与实际相联通，在身体、情感、心智与环境的交互中完成劳动教育，进一步深化对劳动教育的认识，主动融入劳动教育。

其三，情境体验法能够在开展劳动教育中带来情感共通。情境体验法在建构和导入实践场所的同时，也将情感融入实践活动中。学生在全身心投入劳动体验过程中时，要使心智、情感融入进去，而不是简单、乏味、枯燥地完成劳动任务。有效地将情感融入实践活动中应遵循以下原则：一是要充分利用场域，把简单、烦琐、辛苦的劳动融入其中，使自身时刻与自然、社会紧密联系在一起，最大限度激发情感；二是要养成尊重劳动、尊重劳动者的优良品质，能够在实践活动中正确处理自己与他们的关系，建立良好的情感互动；三是通过情感与劳动实践活动的共通，在潜移默化中养成好的劳动习惯和劳动品质，从内心热爱劳动。

（二）情境体验法在开展劳动教育中的重要意义

其一，情境体验法可以较好地使学生的专业知识与互动体验相互融合，使思想认识和实践活动互通，在此过程中更有助于实现能力提升、情感认同，达到知行合一的效果。情境体验法不仅提供开展劳动教育的场所和活动载体，它的深层作用也使每名同学在体验后能够有领悟、有收获、有提升。为了使情境体验法能够发挥出最大效果，大家要避免使情境体验流于形式，要真切融入情境、关注体验过程、注重体验效果。另外，要学会将情境体验法与理论教育、社会调查、实践锻炼等方法进行融合，并借助互联网、新媒体等新技术与新资源，打通自身对劳动教育的全方位、多角度的认识和感悟。

其二，情境体验法能够促进学生的全面发展。一方面，学生通过情境体验法先进教育理念和教育思想的熏陶，可以打破自身知识储备、思维观念和实践能力的局限性，使学生在不断学习过程中提高综合素质、更新思想观念及学习方法。另一方面，学生作为情境体验过程中的主角，能够在生动、灵活的教学方式中使自身实现全面发展，这也正是体验教学的独特之处。这种全面发展也能够使大家有更强的学习动力，进而激发学习兴趣，端正学习动机。

四、自我教育法

（一）自我教育法的内涵

自我教育法，是同学们自主查找不足、自觉修正不当行为、主动提高思想认识的方法，即大家针对自身情况，对自己进行教育。

自我教育法与人的自主意识的发展相联系，自主意识程度越高，自我教育需求越强烈；自我意识又随着年龄、教育程度及社会阅历的不断增长而发展，也激发自我评价、自我监督、自我调适等自我教育的自觉发展。通常情况下，当人们的自我意识逐渐走向成熟，那么对自己、他人或事物的看法也会趋于客观，能够表达相对正确、独立的观点，形成个人看法。所以，自我教育法像是人们在思想、行为、道德等方面的不断升级，进而帮助人们形成正确的观念、进行正确的行为、约束不当的言行、开展深刻的反思。

来自社会、学校、家庭的教育和自我教育并不矛盾，它们互相联系、共同发展。大家从社会、学校、家庭教育中掌握生活技能，汲取知识养分，提高道德水平，而自我教育则是在不断的学习中展开自身博弈。自我教育伴随外部教育的发展而发展，进而帮助大家形成正确的价值观念与行为方式。同时，优质的自我教育又对外部教育的发展起到促进作用，推动大家更主动地接受教育，使教育的效果不断得到巩固和提高。劳动教育的目的不仅是“传道授业解惑”，更深层次是让每名学生能够实现自主劳动，自觉在劳动中查找不足，也能够自发地尊重劳动、尊重劳动者。所以说，自我教育法是外因也是载体，是方法也是目的。

（二）开展自我教育的方法及原则

1. 自我修养

开展劳动教育非常重视青年学生弘扬劳动精神和提升劳动素质。因此，自我修养是大家参与劳动教育中极其重要的一环。马克思主义倡导在实践中进行主动认识和自觉学习，在改造客观世界的同时改造主观世界，这是进行自我修养的基本原则。要真正成为有理想、有作为，德智体美劳全面发展的合格人才，就必须在不断的实践中磨砺意志、提升修养，从内而外地自觉承担起社会责任。自我修养可以通过以下几种方法进行：

第一，自省。自省是大家有对照地检视自身思想和行为的方法，也可称为反省、自查，目的是通过认识自己、审视自己、分析自己来找寻差距和不足，从而完善个人的思想和行为。做到自省是提高思想水平和道德修养的前提条件，也是能够自主追求更高目标的首要举措。参与劳动教育后，如果只停留在听、说、读、写、做等外在教育层面，那么本次教育则达不到完整的效果预期。大家要对自己进行引导，例如采用自我评价的方法，对自身的参与和学习情况进行总结；通过与其他同学进行经验交流，踊跃分享自己参与课程或实践活动的经验，在沟通中总结自身、学习他人；勇敢地进行自我批评，自我批评不是否定自我，而是自省、总结和查找不足，以此帮助大家更好地发现问题、解决问题。

第二，反思。反思，即反过来思考，它与前面提到的自省具有相同的特质，都是指大家的内心活动。需要明确的是，反思的主体除了自身，也涉及对外部客观环境或因素进行思考；除了针对当下的现实状况，也涉及思想和行为从始到末的整体过程。因此，反思是一种全面、具体、深刻的自我修养行为。和我们常说的反省不同的是，反思不是单单强调大家进行自我检讨，而是要在完整的自我认识基础上，使自己能够客观地思考和审视自身的思想、行为是否遵循客观规律，是否坚守正确原则，是否向着正确方向。结合实际，大家必须认识到自身在劳动方面，包括参与劳动教育方面的基础和能力，然后对照相关标准，汲取合理意见，摆正自身位置，在参与劳动教育的全过程开展正确的反思。

第三，自我改造。自我改造是自我教育和自我修养中最有效的方法，但也是实践起来难度比较大的方法。但如果没有自我改造的环节，那么我们所进行的自我教育就会被割裂，甚至停滞。自我改造，要求每名学生在社会实践中充分发挥主观能动性，在对照正确标准进行深刻剖析的基础上，合理调整自身的思想和行为。实际上，我们所进行的自我改造是自我完善和提高的过程。一方面，自我改造要求大家必须学习正确理论和原则，比如马克思主义和相关劳动知识，因为这是进行自我改造的思想武器。另一方面，要做到客观看待自己，认清个人的优势和不足，特别是对不足的剖析，必须要勇敢、深刻、理性。比如，在参与劳动教育过程中，要认识到自身理论知识是否扎实、行动力是否强劲、集体意识是否强烈，只有这样，才能在参与劳动教育全过程中合理改造自己。

2. 自我调控

自我调控是比较特别的自我教育方式，它能够通过学生的自我认识、自我引导、自我调整来解决思想和心理方面的难题与障碍。在进行自我调控时，每名同学都必须关注自身思维方式和心理承受能力。那么，将自我调控融入劳动教育过程中，我们可以从以下几个方面着手。

学会从认识上加以调控。由于每个人对事物的认识都不尽相同，这就会产生不同的思想观念和心理活动。在开展劳动教育中，有的同学能够合理认识劳动与劳动教育，他们在受教育过程中能够较好地进行自我调控；也有的同学会产生片面和曲解认识，例如制定过高劳动目标、不能正面理解劳动要义，或者在受教育过程中发现有悖自己最初认识的情况，就会在一定程度上影响自我调控的正面效果。所以，提高自身的认识能力和认识水平有助于成功开展劳动教育。

学会从环境上加以调控。大家在面对崭新或陌生环境时，为避免产生片面的观点和想法，需要主动寻求专业教师的引导，针对自身可能出现的抵触、猜疑、片面的思维寻求帮助，进而在后续过程中能够更好地自我调控，逐步适应环境。同时，大家也可以在劳动教育开始前根据自身思维和心理状况，先在心里预设可能出现的教育场景，这能够起到提前预判的作用，进而提前适应环境。

学会从情绪上加以调控。个人情绪的产生和爆发都是必要的、有原因的，良好的情绪是更好地开展劳动教育的有益帮助，消极的情绪则会带来负面影响。所以，在开展劳动教育中，每名同学都有必要通过多种方式引导自己形成良好情绪。一是在受教育过程中通过对劳动、劳动者、劳动精神的形象生动的阐述，激发自身产生积极情绪，这种积极情绪是对责任的认可和对贡献的渴望；二是通过参与灵活的教学方式，与实践锻炼法、情境体验法相结合，使自己在真实、广阔、自在的环境中接受教育，无形中排解一些消极、抵触、不快的负面情绪。

第三节 劳动教育的调节方法

调节反馈是劳动教育的一个基本方法，是对劳动教育过程的各个环节及时进行信息反馈和调控，是掌握教育动态、驾驭教育过程、调整教育方案、优化教育结构、保证教育目标实现的重要依据。劳动教育的调节方法是劳动教育方法中的“总结”环节，和认识方法、实施方法一起形成一个完整的方法体系。学生通过使用劳动教育调节方法，能够对自身认识及参与劳动教育的实际效果和价值进行科学评判，并在此基础上总结自身在经验、认识等方面的不足，进而对未来参与劳动教育进行强化和优化，使教育效果得到提高，促进学生劳动素养的提升和综合素质的全面发展。

在此，我们结合青年学生所处环境、社会阅历、实践能力等，围绕过程与结果统一法、知与行融合法、目标与真实一致法、激励与约束结合法、显性与隐性教育法进行反馈调节，帮助青年学生更好地融入劳动教育各个环节，促进劳动教育在育人、育德方面发挥作用。

一、过程与结果统一法

过程反馈。过程反馈是在教学活动实施过程中，为了了解教学动态过程的效果，通过及时反馈信息、及时调节教学安排，不断完善教学计划和方案，以便顺利达到预期教学目的的方法。即在学生参与劳动教育的过程中，应致力于促进学生劳动价值观、劳动情感和劳动态度的形成，关注学习活动中劳动经验的积累、劳动原理的运用、劳动方法的融合、劳动设计的创新、劳动技能的迁移、劳动文化的感悟等。过程反馈贯穿劳动教育的始终，学生在学习过程中用观察、交流、测验、实际操作、作品展示、自评与互评等多种方式，考核、评价自身自主树立劳动观念、学习劳动知识与技能、养成劳动习惯与品质等。传统的成绩导向的学业反馈使很多有价值的教育目标被忽视，削弱了反馈调节的积极作用。过程反馈则将考核目标贯穿学生的整个学习过程，认为凡是有价值的学习结果都应当得到肯定，而不管这些学习结果是否在预定的目标范围内。过程反馈可以大大提高学生的学习积极性，有利于丰富学生的学习经验。

结果反馈。劳动教育中实施的劳动活动必须是有目的、有计划的，只有经过精心设计的劳动，才能收获知识、技能、经验、情感、态度和价值观。结果反馈以学生在参与劳动教育中最终形成的劳动观念、劳动知识与技能、劳动习惯与品质等为指标，考核劳动教育最终成果。学生通过劳动教育正确理解马克思主义劳动观，牢固树立劳动最光荣、劳动最崇高、劳动最伟大、劳动最美丽的观念；真正体会到劳动创造美好生活、劳动不分高低贵贱，热爱劳动，尊重普通劳动者，培养勤俭、奋斗、创新、奉献的劳动精神；具备满足生存发展所需要的基本劳动能力，形成良好劳动习惯。

需要注意的是，在使用过程与结果统一法时，要使过程反馈与结果反馈相互促进、相互影响、相互成就，共同发挥作用。一方面，结果反馈是过程反馈的导向和标准，过程反馈是结果反馈的手段和前提，过程反馈需要根据结果反馈作出相应的变化；另一方面，过程反馈可独立于结果反馈之外，根据实际情况进行自身劳动效果的调整，也能在一定程度上对结果反馈的设定进行优化。无论是过程反馈还是结果反馈，目的都不是对学生的学习情况给出终结性结论，而是以信息反馈为手段，调节学生思想活动状况，进而引导学生积极开展劳动实践。

二、知与行融合法

劳动是人类最基本的实践活动，劳动的目的不仅是满足人类生存的需要，更是满足人类发展的需要。因此，劳动教育因其特殊的教育内容和教育形式，需要学生实现认识和行动的统一，建构知行融合的学习模式。苏霍姆林斯基认为，学生只有经历具有教育意义的劳动，才有可能接受真正的劳动教育。[①] 对于劳动认知的获得，至少需要三个阶段：第一，在真实情境中获得直接认知和经验；第二，在直接认知和经验的基础上增加直接经验的纵深意义；第三，进一步将直接经验拓展成科学、系统的知识。就劳动教育而言，这种知识最终需要去证明或去验证才能达成劳动教育的真正目的。劳动教育强调学生亲临劳动场域，有劳动的亲身经历、亲近劳动的情感，经过体验和实践，原来静态的知识被激活和催化，劳动教育实现从直观到抽象、从感性到理性、从教材到生活的转换。

在开展劳动教育过程中，认知和实践是相辅相成的。劳动教育是对人的全面发展的回归，不但教会学生衣食住行等的自理，更重要的是，要让他们懂得生活靠劳动创造，美好人生也靠劳动创造。不仅要关心学生是否学到相关劳动知识，更应关心学生是否能以体验、实践的方式实现对劳动在认知层面的理解。

劳动教育首先要解决认知问题。学生通过独立开设的劳动教育必修课或在学科专业中有机渗透劳动教育，学习掌握通用劳动科学知识，深刻理解马克思主义劳动观和社会主义劳动关系，充分认识劳动是人类发展和社会进步的根本力量，认识劳动创造人、创造价值、创造财富、创造美好生活的道理，尊重劳动，尊重普通劳动者，牢固树立劳动最光荣、劳动最崇高、劳动最伟大、劳动最美丽的思想观念，树立正确的择业就业创业观，具有到艰苦地区和行业工作的奋斗精神。如学生可以通过制定劳动公约、每日劳动计划、学期劳动任务单，组织与劳动教育有关的兴趣小组、社团等，结合植树节、学雷锋纪念日、五一劳动节、农民丰收节、志愿者日等，在丰富的劳动主题教育活动中形成正确劳动观。还

① 王建亚．苏霍姆林斯基劳动教育思想探究［J］．上海教育科研，1991（5）：23-26.

可以通过“劳模大讲堂”“大国工匠进校园”、优秀毕业生报告会等劳动榜样人物进校园活动，劳动技能和劳动成果展示，广泛学习劳动榜样人物事迹，特别是身边的普通劳动者感人事迹，近距离接触劳动模范，聆听劳模故事，观摩精湛技艺，感受并领悟勤勉敬业的劳动精神，争做新时代的奋斗者。

劳动教育重点要解决实践问题。实施劳动教育的重点是在系统的文化知识学习之外，有目的、有计划地组织学生参加日常生活劳动、生产劳动和服务性劳动。围绕“实践”这一关键词，引导学生亲历实践、坚持实践、感悟实践、创新实践，在实践中培养劳动观念、劳动态度、劳动习惯和劳动精神，提升劳动素养。学生要落实日常劳动实践要求，以行促知，不能用其他实践活动代替劳动活动。如巩固良好日常生活劳动习惯，自觉做好宿舍卫生保洁，独立处理个人生活事务，积极参加勤工助学活动，提高劳动自立自强能力；强化服务性劳动，自觉参与教室、食堂、校园场所的卫生保洁、绿化美化和管理服务等，结合“三支一扶”、大学生志愿服务西部计划、“青年红色筑梦之旅”“三下乡”等社会实践活动开展服务性劳动，强化公共服务意识和面对重大疫情、灾害等危机主动作为的奉献精神；重视生产劳动锻炼，积极参加实习实训、专业服务和创新创业活动，重视新知识、新技术、新工艺、新方法的运用，提高在生产实践中发现问题和创造性解决问题的能力，在动手实践的过程中创造有价值的物化劳动成果。

知与行融合统一，是以辩证唯物主义的认识论为理论根据的。辩证唯物主义的认识论认为，人们的思想认识是在社会实践中形成的，但劳动观念和劳动精神不可能在实践中自发形成，必须通过有意识的、系统的教育。因此，学生在劳动过程中必须把理论教育和实践锻炼结合起来。知与行融合法反映了劳动教育的目的和要求。学生只有面向真实的生活世界和职业世界，以动手实践为主要方式，在认识世界的基础上获得有积极意义的价值体验，学会建设世界、塑造自己，才能实现树德、增智、强体、育美的目的。

三、目标与真实一致法

目标性并不是指学生要将劳动教育价值或目标夸大或不切实际，而是要有关于目标效果的标准与期待。我们要设定好预期目标和最高目标，将预期目标作为基础，将最高目标作为方向，使它们共同作用于劳动的整个过程。因此，要保证劳动效果，学生必须对目标进行有效调控，指导和帮助自己不断修正、提高自己的目标，确保劳动教育朝着特定的方向和目标前进。学生通过课堂学习掌握基本劳动知识后，必须制定明确的目标。如日常生活劳动教育要立足个人生活事务，结合开展新时代校园爱国卫生运动，注重生活能力和良好卫生习惯培养，树立自立自强意识。生产劳动教育要在工农业生产过程中直接经历物质财富的创造过程，体验从简单劳动、原始劳动向复杂劳动、创造性劳动的发展过程，学会使用工具，掌握相关技术，感受劳动创造价值，增强产品质量意识，体会平凡劳动中的伟大。服务性劳动教育要实现利用知识、技能等为他人和社会提供服务，在服务性岗位上见习实习，树立服务意识，实践服务技能；在公益劳动、志愿服务中强化社会责任感。

同时，真实性要求学生开展劳动必须脚踏实地、从实际出发。劳动教育的目标不是单一的，而是多角度、多层次的。为了实现预定目标，学生要从实际出发，以自身成长规律为依据。这就要求每个人的劳动行为都要以客观规律、个人积淀、现实情况为基础，不能被人为因素或主观臆断影响，要客观、真实、全面地确立符合自身实际的劳动方案。比如，在开展劳动教育时，学生要结合自身的年龄、专业、阅历、经验等，对劳动教育的直接认识和间接认识进行吸收、借鉴、采纳，制定满足学生自身实际的、正常的、合理的、能够实现的劳动方案。如在一定时期内具体安排什么样的劳动内容，采取哪些劳动形式，利用什么时间，在什么场合进行劳动，等等。

目标与真实一致法是保证劳动教育结果客观、真实、有效的核心条件。两个环节互相渗透、循序渐进、逐步深入。在劳动教育中确定最优目标和最优方案需要以学习和实践方案的科学性为前提，在实践过程中，若发现目标与实际不一致，需调整方案，缩小实际效果和预定目标之间的偏差，促进劳动教育目标的顺利实现。

四、激励与约束结合法

激励与约束相结合是帮助劳动教育取得良好成效的方法之一。使用激励与约束相结合的方法是为了在劳动教育中更好地激发学生群体的积极性和上进心，最大限度挖掘其主观能动性。在劳动教育中，激励与约束结合法有其具体的实施途径和方式，下面将围绕三种方式展开研究。

（一）目标激励法

目标激励法要求每名参与劳动教育的学生都要树立明确的理想目标，这个理想目标要贴合劳动教育实际，并在对其奋斗和拼搏的过程中不断激发自身的潜力、勇气和动力。这个理想目标，学生可以将其设立为想要赶超的标准，也可以是正确的行为准则，或是某个具体的典范，例如，有些学生想要在劳动教育过程中接受锻炼、磨炼意志，进而感受劳动带来的乐趣；有些学生对参与创新创业、志愿服务、公益活动、勤工助学有强烈愿望；有些学生则想要在劳动教育过程中提升生活技能，树立劳动自立意识和主动服务他人、服务社会的情怀，以上这些都可以成为在劳动教育过程中为自身订立的理想目标。一旦理想目标被确定下来，就会从内而外地对自身的思想和行动产生强大的牵引力，帮助学生提高参与劳动教育或参与具体劳动的自觉能动性。在劳动教育过程中，目标的确立需要由自己或在教师指导下完成，需要注意的是，目标的确立具有主观性，但当每个人的目标被认同以及各自采取行动去追赶时，就会使目标变得客观且具体。因为不同的学生有着不同的经历，对劳动教育也有着不同的诉求，所以，使用目标激励法时要坚持“一切从实际出发”。例如，对于缺少劳动经验的同学，要确立增加劳动体验的目标；缺少劳动精神，意志力薄弱的同学，要选择合适的典范和榜样目标，从而使自己得到正面教育；有远大理想抱负的同学，要根据本人实际情况确立具体学习、实践、行动目标；等等。如果学生不顾及自身的实际情况，一概而论地设立目标，不但不能达到最初的理想目标，还会较大程度地带来相反效果。还需要注意的是，我们在感知劳动教育、参与劳动教育过程中很重要的一点就是帮助自己端正劳动态度，热爱劳动、尊重劳动者，这也是我们所有人都应当建立的劳动教育目标。

（二）奖惩激励法

奖惩激励法，是针对每名学生的思想、行动及道德行为给予奖励和惩戒，这里所说的奖励，既包括精神层面的奖励——肯定、表扬、赞许，也包括物质层面的奖励；这里所说的惩戒主要是指批评、惩罚或处分。学生在此需要理解的是，劳动教育和思想政治教育，或其他教育形式的出发点都是育人，所以学生在参与劳动教育过程中，要在学校和教师的积极引导下挖掘自身的长处和优点，对此加以肯定，并将其发挥到劳动教育的每个环节中。例如，高尚的劳动境界、强烈的责任意识和无私的奉献精神都是可待挖掘的长处与优点，如果能将其融入劳动教育全过程，将会对自身起到很大程度的激励作用。同时，学生在接受褒奖和自我激励的同时还要注意必须保证适当的约束。在这里，约束体现为对自身错误的观点、行为和想法要及时发现，并寻求教师的帮助，及时、主动予以矫正，以此更好地规范自己在劳动教育过程中的言行和态度。此外，每名同学都要正确看待奖与惩，理解奖与惩既是从正面、反面共同激励，又是从正面、反面共同约束，两者虽然方式不同，但究其根本都是要帮助学生提高思想认识、学习能力和行动力，进而能够更好地参与到劳动教育全过程，获得来自多方面的成果和收获。从另一角度看，在使用奖惩激励法时，学生要正确理解他人给予的“表扬”与“批评”，得到表扬与肯定，不能过度纵容自己和放宽对自己的标准；要虚心接受批评、惩戒，但要明确批评和惩戒的最终目的是要帮助自己进步。

（三）竞争法

竞争有比拼、比赛的含义，用在劳动教育中可以理解为学生通过评估、比较、竞赛等方式激发出力争上游、勇于拼搏的动力。在劳动教育中通过竞争法进行激励和约束有助于提高学生在劳动创造方面的韧性与技能，进而在更深层次深化对劳动教育的认识。

需要注意的是，在劳动教育中使用竞争法需要在引导的方式下进行。它可以发生于个人与个人之间，或集体与集体之间，通过开展与劳动知识、劳动技能、劳动理念相关的学习、教育、团建活动，通过比成绩、比成效、比合作等方式激发学生上进心，使学生能够在积极、活跃的氛围里感受劳动教育的效果，并在此过程中对自身进行激励与约束。教师和学生在使用竞争法开展劳动教育活动时要注意以下几项原则：一是要树立正面的、积极的竞争意识。学生以竞争的方式参与劳动教育是为了营造积极、上进的气氛，帮助学生形成关于劳动和劳动行为的正确认知和正向的思想观念，而不是通过竞争的方式制造不和谐因素或弄虚作假。所以，在学生确定正确的出发点后，也必须以正确的思想为指导，并辅以教师正确的引导。二是要制定明确的标准和要求。开展竞争的首要标准是要做到公平合理，这也是保证竞争法能够顺利开展的重要原则。在制定明确的标准和要求基础上，所有学生都要严格地遵守和执行。三是要引领良好精神风貌。将竞争法放置在劳动教育方法中，是希望在评估、比较或竞赛活动过程中帮助学生深化对劳动的认识和激发参与劳动教育的自觉性和积极性，而不是破坏教师与学生、学生与学生间的和谐氛围，所以，在使用竞争法过程中教师和学生都必须要引领良好精神风貌，使劳动教育能够取得更好成效。

五、显性与隐性教育法

在劳动教育中，显性教育最大的特点是可以在整个教育过程中制定清晰明确的教育目标，参与劳动教育的学生可以在有目标、有计划、有步骤的直接方式引导下参与劳动教育。显性教育具有讲授与受教的明确区分，也需要系统的教育目的、教育计划和教育场所，显性教育的载体多为课堂，可以是理论课堂，也可以是实践类课堂，通常表现为专业劳育。显性教育可以帮助学生接受专业的劳动理论宣讲和劳动技能培训，通过与教师面对面的互动方式，学生能够更加透彻地理解关于劳动教育的理论、搞清参与劳动教育的缘由。

和显性教育不同，隐性教育更多的是以耳濡目染、润物无声的方式进行教育，如“在专业教育中融入劳动教育，着力培养大学生专业报国、治学报国的情怀；在社会实践和志愿服务中加强价值观引领，着力培养大学生的公共服务意识和面对重大疫情、灾害等危机主动作为的奉献精神；在各类劳动实践活动中注重新知识、新技术、新工艺、新方法的应用，着力培养大学生的创新意识、创新精神和创新能力”①。因此，隐性教育需要教师建立“隐性”课堂，使学生在“隐性”课堂中达到接受教育的效果。

在劳动教育过程中，显性教育和隐性教育相结合能够产生较好的教育效果。教师和学生要注意把握好两者的关系，并使它们的优势得到最大化呈现。在开展劳动教育过程中，一方面，我们可以将显性教育作为隐性教育的载体，通过劳动理论讲授、劳动技能传授等课程类项目，以

① 刘向兵，曲霞，黄国萍．高校劳动教育体系化构建的学理与实践［J］．中国大学教学，2021（9）．

及通过志愿者服务、文明团队评比、劳动精神宣讲等文化类活动，实现学生在劳动意志、劳动品质、劳动道德方面的提升。另一方面，我们可以用隐性教育促进显性教育的作用发挥。通过引入价值观教育，弘扬劳模精神、劳动精神、工匠精神，促进显性教育更好地发挥作用。

第八章　劳动权益保护

公民有劳动的权利和义务，而为了使公民更好地享受劳动的权利并尽到劳动的义务，就要尊重在一切劳动形式下从事劳动实践的劳动者，切实保障好劳动者的合法权益。因此，加强对劳动权益保护知识的学习，不仅可以帮助大学生掌握基本劳动权益保护知识，培养法律意识和法治思维，还可以帮助大学生明确个人劳动权益，运用学到的相关知识自主维护自身劳动权益，从而形成尊重劳动的文化氛围。

第一节　劳动权益的内涵

一、劳动权益的基本内涵

在弄清劳动权益的内涵之前，必须先弄清楚权益的内涵。所谓权益，包含权利和利益两个层次。其中，权利是法学概念，是指法律赋予公民实现自身利益的资格、手段和依据；利益则是社会学概念，是指对人具有良性影响的事物。权益是指公民主体利益实现的过程和结果。因此，劳动权益的内涵不限于法定劳动权利，同时也包含劳动者的社会需要，它是指劳动者作为特定的权利主体，在劳动关系中，凭借从事劳动或从事过劳动这一客观存在而获得的应享有的权益。其具体包括以下几个方面。

（一）平等就业和选择职业的权益

我国《劳动法》第三条中规定，“劳动者享有平等就业和选择职业的权利”，这是对《宪法》中公民有劳动的权利这一规定的具体化，是指凡是有劳动能力的公民，均应当获得参加社会劳动的权利，并能够不受歧视地自主选择相应的职业。在这里，平等就业和选择职业的权益包括两个方面：一是平等就业权益，即每一个劳动者都平等地享有就业的权利和资格，不因民族、种族、性别、年龄、文化、宗教信仰、经济能力等而受到限制。劳动者在应聘某一职位时，都需平等地参与竞争，任何人不得享有特权，也不得对任何人予以歧视。此外，对于平等的理解还需要注意的是，平等不等于同等，平等是指对于符合要求、符合特殊职位条件的人，应给予他们平等的机会，而不是不论条件如何都同等对待。二是自由择业权益。即劳动者有根据自身特点、爱好、才能及市场供求状况，对于自己就业的种类、方向进行挑选和确定的权益。它是人们真正进入社会生活领域的重要行为，是人生的关键环节。劳动者通过职业选择，可以将自己和劳动岗位较好地结合起来，从而更好地发挥自己的天赋和才能，有利于创造更大成就。同时，它也是劳动者个人顺利进入社会，完成个人社会化转变，促进自身发展的关键一步。职业选择没有高低贵贱之分，只有树立正确的职业观，才能最大限度地实现自己的人生价值。

（二）获得劳动报酬的权益

劳动报酬权，是劳动者通过自身合法劳动而应当获取的与其劳动力价值对等报酬的权利。一般来说，劳动者与用工单位签订劳动合同，在用工合同范围内完成了自己的工作任务就有权利获得约定的劳动报酬。作为劳动者劳动权利的核心内容，劳动报酬权是劳动者维持并改善生活的必要物质保障，同时也体现其劳动价值的社会评价程度。

劳动报酬权的内涵十分丰富，其核心是劳动报酬保障权。因为只有劳动报酬真正到了劳动者手中，其价值才能真正得到体现，劳动报酬权也才能真正得以实现。因此，我们有必要从各个方面加大对劳动报酬权的保障。

（三）依法休息休假的权益

我国《宪法》第四十三条规定："中华人民共和国劳动者有休息的权利。国家发展劳动者休息和休养的设施，规定职工的工作时间和休假制度。"同时，我国《劳动法》和其他法律对劳动者的工作时间与休息休假时间也作了规定。可见，休息权是指劳动者依法享有的，在劳动中消耗了体力和脑力后，恢复体力、脑力以及用于娱乐等自己自由支配的必要时间的权利。

劳动者享受休息权的目的，是为消除劳动者身体和精神上的疲劳，恢复生理机能和精神状态，以便精力充沛地投入劳动。因此，休息权的内容包括：休整权、休假权和休养权。其中，休整权是指劳动者在体能和脑能的承受范围内，连续工作一定时间后，享有短暂的休息和整理时间的权利，包括劳动者连续工作一定时间后的吃饭、睡觉、临时歇息及处理个人事务的时间。休假权是劳动者在连续工作一段时间后所享有的停止工作一日以上，以处理个人事务、参与休闲娱乐或进修学习等活动的权利，包括公休假日、法定节假日、年休假、探亲假和婚丧假等。休养权指劳动者通过积极的活动或者消极的静养等方式享受闲暇的权利。劳动者行使该权利可达到与行使休息权其他方面的权利一样的效果，使自己的体力和脑力得到恢复。休养权的享有必须以实现休整权以及休假权为前提，建立在一定客观物质条件和社会公共休闲活动设施基础上。在现实生活中，劳动者的休息权经常会成为最容易遭受侵害的权利，为更好地进行劳动生产、保护劳动者身心健康和劳动力的恢复，必须根据国家相应的法律制度保证劳动者休息休假的权益，不得让劳动者连续工作。

（四）获得劳动安全卫生保护的权益

劳动安全卫生保护权，也被称为“劳动安全卫生权”“职业安全卫生权”“安全卫生保护权”“职业安全权”或“劳动保护权”等。劳动安全卫生权是劳动者基本劳动权利中的一项，更是人权保护的重要内容和体现，发挥着保护劳动者生命健康，促进社会和谐稳定的作用。劳动安全卫生保护权主要包括获得安全生产保障的权利和获得职业卫生保护的权利两方面，具有九大权能：（1）获得安全卫生条件和防护用品的权利；（2）安全卫生方面的决策参与权；（3）职业安全卫生知情权；（4）紧急避险权；（5）职业培训权；（6）安全卫生批评、检举、控告权；（7）获得安全卫生救助权；（8）危险作业拒绝权；（9）损害赔偿请求权。

在生产实践中，劳动安全卫生保护的有关规定能够有效防止和减少伤亡事故，避免和降低职业危害；能够保证劳动者从事劳动工作的安全，改善健康劳动条件，从而达到激发劳动者劳动主动性和创造性的目的，并最终达到劳动者能够愉快劳动、劳动生产率不断提高和生产技术不断进步的目标。因此，加强对该权利的保护具有重要的价值和现实意义。

（五）获得社会保险和福利的权益

所谓社会保险，是指国家通过立法建立社会保险基金，对被保险人因年老、疾病、失业、工伤、生育等丧失劳动能力或失去收入来源时给予必要物质帮助的制度，包括养老保险、医疗保险、工伤保险、失业保险和生育保险等。而社会福利，则是指由国家和社会举办的、为社会全体成员所享有的各种公共服务以及为特殊群体所享有的各种福利事业。包括：（1）公共福利，如住房福利、教育福利、卫生福利等；（2）特殊群体福利，如残疾人福利、老人福利、儿童福利等；（3）职业福利，如对职工提供福利补贴、福利设施、福利服务等。[①] 社会保险和社会福利都

① 刘俊．劳动与社会保障法学［M］．北京：高等教育出版社，2007：199.

属于社会保障制度范畴，其中，社会保险是社会保障制度的核心，直接关系到劳动者基本生活的维持和劳动力再生产的延续，对劳动者合法权益的实现和社会生产的发展有重要影响。社会福利是社会保障体系中保障水平最高的组成部分，其目的是在国民现有生活水平之上进一步提升其物质和精神生活水平，进而促进人的全面发展和社会的文明进步。二者与社会救助和社会优抚一起，共同构成了我国社会保障的“安全网”，促进社会的稳定发展。我国《宪法》明确规定，中华人民共和国公民在年老、疾病或者丧失劳动能力的情况下，有从国家和社会获得物质帮助的权利。国家发展为公民享受这些权利提供所需要的社会保险、社会救济和医疗卫生事业。同时，我国《劳动法》第九章还专章规定了社会保险和福利，《劳动法》第七十条规定：国家发展社会保险事业，建立社会保险制度，设立社会保险基金，使劳动者在年老、患病、工伤、失业、生育等情况下获得帮助和补偿。

（六）接受职业技能培训的权益

所谓职业技能培训权，是指劳动者享有在准备就业和实现就业过程中，为提高个人技术技能而参加国家和用人单位举办的各种职业培训的权利，也是推进人力资源开发、解决就业问题需要、满足劳动者自我更高需求层次的前提。

伴随我国产业结构持续升级和科学技术不断革新，不断发展的劳动力市场需要越来越多的高素质劳动者。这一现象促使劳动力市场的供需结构关系发生巨大变化，不需要任何劳动技能的工作岗位越来越少，而需要高素质劳动者的岗位越来越多，这一变化使劳动者素质的升级更新成为必然。因此，劳动者只有通过职业技能培训获得所需要的技术知识和实际操作技能，才能适应科学技术的发展，为自己创造更多的就业机会，在职业上有更多的选择性，从而获得职业上的发展。

二、大学生的劳动权益保护

当前，我国的劳动年龄人口占到全国总人口的64%，庞大的劳动者大军是国家建设的主要力量，也是社会财富的主要创造者。因此，保护劳动者权益是实现稳定劳动关系，促进经济发展和社会进步的前提与保障。特别是对于大学生来说，由于劳动身份具有特殊性，其在劳动权益保护中更容易处于弱势地位，必须做好其劳动权益保护工作。

《职业学校学生实习管理规定》《关于加强和规范普通本科高校实习管理工作的意见》等规定对职业院校、普通高校学生实习期间工作时间和休息休假权、获得实习报酬权以及对实习过程中发生疾病、伤亡等情况的处理等都作了明确的规定与说明。

第二节　大学生劳动权益的内容

大学生在不同劳动参与方式下进行劳动，其劳动权益的内容也会有所差别。为了更有针对性地维护大学生的合法劳动权益，分类了解大学生劳动权益内容是十分必要的。当前，常见的大学生劳动权益可分为实习中的劳动权益和就业中的劳动权益两种。

一、实习中的劳动权益

大学生实习是大学生初步实现从学校到职场转变的一个阶段。在实习中，大学生接受实习单位有丰富实践经验的工作者的指导，参加实际工作，将理论知识应用到实际工作中，有助于大学生积累工作经验、磨炼意志、端正就业态度、锻炼能力、增加社会阅历、缩短毕业后的适应期，可以增强其就业竞争力，有利于将理论学习与工作实践顺利衔接。因此，实习对大学生在校学习和毕业后就业都有重要意义。

一般来说，大学生实习包括认识实习、跟岗实习和顶岗实习等形式。认识实习是指大学生由学校组织到实习单位参观、观摩和体验，形成对实习单位和相关岗位的初步认识的活动。跟岗实习是指不具有独立操作能力、不能完全适应实习岗位要求的学生，由学校组织到实习单位的相应岗位，在专业人员指导下部分参与实际辅助工作的活动。顶岗实习是指初步具备实践岗位独立工作能力的学生，到相应实习岗位，相对独立参与实际工作的活动。因此，大学生实习期间的劳动权益可以体现在以下方面。

第一，在参加实习前，大学生、学校和实习单位三方应当签订实习协议，实习协议文本由当事方各执一份。未按规定签订实习协议的，不得安排学生实习。[①] 认识实习按照一般校外活动有关规定进行管理。在签订实习协议中，要明确各方责任、权利和义务，并以此作为保护实习学生合法权益和突发事件应急处理的依据。实习协议中应当包含各方基本信息；实习的时间、地点、内容、要求与保障；实习期间的食宿和休假安排；实习期间的劳动保护和劳动安全、卫生条件、职业病危害防护条件；责任保险与伤亡事故处理办法，对不属于保险赔付范围或者超出保险赔付额度部分的约定责任；实习考核方式；违约责任以及其他事项。除此之外，顶岗实习的实习协议内容还应当包括实习报酬及支付方式等。

第二，大学生在参加实习中，应当享有参加安全防护知识、岗位操作规程教育和培训的权利。安全意识是现代职业员工的重要素质之一，在学生的实习过程中进行安全教育更是保障学生人身和财产安全，促进学生身心健康发展的重要内容。对参加实习的学生进行安全防护知识、岗位操作规程教育，能够尽量把事故消除在萌芽状态，降低学生实习期间发生人身安全事故和损失的可能性，保护大学生的合法权益。

---

① 教育部等五部门关于印发《职业学校学生实习管理规定》的通知。

第三，大学生在参加实习中，应当享有必要的休息休假的权利。虽然大学生的身份不同于企业内的普通劳动者，实习活动也有异于传统劳动法中的“劳动”，但其也享有休息休假的权利。《职业学校学生实习管理规定》《教育部关于加强和规范普通本科高校实习管理工作的意见》对学生参加实习的休息休假时间有明确的规定：除临床医学等相关专业及实习岗位有特殊要求外，每天工作时间不得超过 8 小时、每周工作时间不得超过 44 小时，不得安排加班和夜班。

第四，大学生在参加实习中，享有参加保险、防止职业伤害的权利。在大学生参加实习时，学校和实习单位应根据国家有关规定，为实习学生投保实习责任保险。责任保险范围应覆盖实习活动的全过程，包括学生实习期间遭受意外事故及由于被保险人疏忽或过失导致的学生人身伤亡，被保险人依法应承担的责任以及相关法律费用等。学生在实习期间受到人身伤害，属于实习责任保险赔付范围的，由承保保险公司按保险合同赔付标准进行赔付。同时，禁止安排实习生参加特殊工种和风险较大的工作岗位的实习作业，保障大学生实习期间的合法权益。

第五，大学生在参加实习中，实习单位有义务提供符合国家规定的劳动安全卫生条件。对于《未成年工特殊保护规定》中规定的有关未成年工禁忌从事的危害性劳动范围，患有某种疾病或某些生理缺陷的未成年工限制从事的劳动范围，以及上岗前应当进行健康检查等，应适用于在企业内实习的大学生。

第六，大学生参加顶岗实习期间，实习单位有义务支付给实习学生实习报酬。《教育部关于加强和规范普通本科高校实习管理工作的意见》第十一条规定，要保障顶岗实习学生获得合理报酬的权利，劳动报酬原则上不低于相同岗位试用期工资标准的 80%。要保障未成年人的合法权益，不得安排未满 16 周岁的学生顶岗实习。

二、就业中的劳动权益

第一，要求用人单位履行就业协议接收毕业生的权利。所谓就业协议，是指毕业生、用人单位和学校经供需见面和双向选择后签订的预约用人单位接收毕业生就业的书面协议，是学校上报就业计划和办理毕业生派遣手续、公共部门用人单位申报进人指标、毕业生办理落户手续的依据，也是订立劳动合同的依据，在毕业生到用人单位报到、用人单位正式接收后自行终止。就业协议一经签订，就具有法律效力，就业单位必须依照就业协议接收毕业生，并为其安排工作岗位，保证毕业生正常工作。

第二，与用人单位签订劳动合同的权利。签订劳动合同是证明存在劳动关系的最有力的证据，也是对用人单位和劳动者之间权利义务的最好规范。用人单位聘用劳动者后必须依法签订劳动合同。我国《劳动合同法》第七条、第十条规定，用人单位自用工之日起即与劳动者建立劳动关系。建立劳动关系，应当订立书面劳动合同。

第三，依法明确试用期限。试用期限是指在劳动合同期限内，用人单位对新聘劳动者是否合格进行考核、劳动者对用人单位是否符合自己要求进行考核的期限，这是大学生初入职场与用人单位相互了解的过渡期。《劳动合同法》第十九条规定：劳动合同期限三个月以上不满一年的，试用期不得超过一个月；劳动合同期限一年以上不满三年的，试用期不得超过二个月；三年以上固定期限和无固定期限的劳动合同，试用期不得超过六个月。同一用人单位与同一劳动者只能约定一次试用期。

第四，获得劳动报酬的权利。劳动报酬是劳动者的核心利益，既是实现公民基本权利的需要，也是确保社会稳定、构建和谐劳动关系的关键所在。就业中，无论是否处于试用期，劳动者都有获得劳动报酬的权利。劳动报酬的多少可以因技能水平、工作熟练程度等方面的差距有所差异，但不能无故拖欠或找借口不予支付。

第五，享有社会保险的权利。《社会保险法》第五十八条规定：用人单位应当自用工之日起三十日内为其职工向社会保险经办机构申请办理社会保险登记。未办理社会保险登记的，由社会保险经办机构核定其应当缴纳的社会保险费。

第六，享有劳动保护的权利。用人单位应当为其劳动者提供必要的劳动防护用品和劳动保护设施，用于防止可能出现的事故，减少其危害。

第三节　大学生劳动权益保护的方法与途径

新时代大学生作为社会主义事业的建设者和接班人，应当学习和掌握劳动权益保护的相关知识，提升法治素养，养成守法习惯，提高用法能力，学会妥善处理自身遇到的法律问题和各种矛盾。

一、增强大学生的劳动风险意识

劳动作为劳动者获取生活资料用以维系自身生活的重要手段，在实施过程中常常存在不确定、不安全的因素，从而导致劳动者无法保证自身劳动力持续存在，或者导致劳动者因无法得到劳动机会而不得不中断工作，也就是我们常说的劳动风险。大学生即将步入社会，要积极提高劳动风险意识。按照引发劳动风险因素的不同，我们可以将劳动风险归纳为以下几类。

（一）劳动者自身生理原因导致的劳动风险

这里主要指由于劳动者自身衰老或疾病导致的劳动风险。具体来说，一是由于患病导致的暂时或者永久丧失劳动能力；二是由于自身衰老导致体力或脑力无法胜任劳动要求。在工作实践中，无论二者中的哪一种，均会导致劳动者无法正常进行劳动生产。

（二）劳动者工作环境及岗位导致的劳动风险

由于不同劳动岗位的劳动环境和工作内容存在差异，其可能带来的劳动风险也多种多样，但工作环境及岗位导致的劳动风险主要体现为职业病。虽然职业病危害是可以预防的，但需要劳动者在日常工作环境中加以重视。

（三）安全事故导致的劳动风险

安全事故导致的劳动风险是劳动者在劳动工作过程中，因为诸如劳动环境复杂多变、劳动设备使用维护不当或者劳动者个人劳动安全意识不足等因素而引发的安全事故所造成的人身伤害。根据事故的严重程度，可能导致劳动者暂时性或者永久性丧失劳动能力，甚至可能出现死亡的情况。劳动者必须注意避免劳动中安全事故的发生，做好劳动风险防范。

（四）劳动力市场需求变化导致的劳动风险

随着社会的进步和生产力水平的提升，市场成为资源配置的主要形式，而劳动力市场的需求直接决定了劳动者的就业状况。当劳动力市场对劳动力素质提出更高要求而自身无法满足时，则有可能存在被劳动力市场淘汰的风险。

大学生即将步入社会，要对劳动风险树立正确认识，学会有的放矢地做好相应的防范工作，防范劳动风险的发生。防范劳动风险可以从以下几个方面着手：一是严格遵守劳动过程中的各项劳动法律制度、安全生产工作规定。二是不断学习相关工作知识、技能，提高自身劳动能力及素质。三是提高对劳动安全环境的预判能力和警示能力，提升自身安全保护意识。

二、提高大学生的劳动维权意识

学校作为传授知识和技能的场所，除了教会学生必备的劳动知识和劳动技能，还应当帮助学生树立劳动权益保护意识，使学生清楚如何利用法律武器来保护自己的合法权益。提高学生的劳动维权意识可以从以下两个方面进行。

一是加强劳动法律宣传教育。要充分利用校内电子屏、宣传栏、广播等自媒体对劳动法律知识进行宣传普及，定期邀请劳动法方面的专家为在校学生举办讲座、沙龙交流和案例评析，创造良好的普法氛围。

二是培养大学生的劳动维权法律思维。大学生应当积极参加劳动维权知识竞赛、参加大学生劳动权益保护社团，培养劳动维权意识、增强劳动维权能力。

三、劳动争议的解决机制

劳动争议是指劳动关系当事人之间因实现劳动权利、履行劳动义务问题而发生的争议。大学生作为未来的劳动者，应该尽早了解劳动争议的解决机制，做好劳动争议的防范工作。

（一）劳动争议的受案范围

根据《劳动争议调解仲裁法》第二条的规定，中华人民共和国境内的用人单位与劳动者发生的下列劳动争议，适用本法：（一）因确认劳动关系发生的争议；（二）因订立、履行、变更、解除和终止劳动合同发生的争议；（三）因除名、辞退和辞职、离职发生的争议；（四）因工作时间、休息休假、社会保险、福利、培训以及劳动保护发生的争议；（五）因劳动报酬、工伤医疗费、经济补偿或者赔偿金等发生的争议；（六）法律、法规规定的其他劳动争议。

（二）劳动争议的解决方式及程序

在我国，发生劳动争议时当事人可以进行协商解决，若当事人不愿协商、协商不成或者达成和解协议后不履行的，可以向调解组织申请调解；不愿调解、调解不成或者达成调解协议后不履行的，可以向劳动争议仲裁委员会申请仲裁；对仲裁裁决不服的，可以向人民仲裁法院提起诉讼。即我国劳动争议处理程序包括协商、调解、仲裁和诉讼。

1. 协商

协商是指发生劳动争议的双方当事人在没有第三人的参与下，通过双方平等对话、互谅互让并作出必要的妥协而达成和解的处理方式。协商解决是劳动争议处理的方式之一。这种方式最大的优势就是体现了双方的平等、自主，既节省时间、金钱，又不伤害感情并有助于和解协议的履行。但是，是否通过协商解决，取决于双方的自愿，一方不能强迫另一方，任何其他人或机构也不能硬性要求双方协商。

2. 劳动争议调解

劳动争议调解是指通过劳动争议调解委员会对双方当事人进行疏导说服，促使双方相互谅解，自愿就争议事项依法达成协议，从而使劳动纠纷得到解决的方法。实践中，由于劳动关系具有继续性，为了尽量维系劳动者和用人单位之间的这种继续性关系，提倡当事人在劳动争议发生后，通过调解机制解决纠纷，这样既能疏解矛盾又不伤害感情，有利于劳动关系的和谐。

当发生劳动争议时，当事人可以到下列调解组织申请调解：（1）企业劳动争议调解委员会；（2）依法设立的基层人民调解组织；（3）在乡镇、街道设立的具有劳动争议调解职能的组织。

劳动争议调解需经过申请、受理、调查、调解四个过程，且需建立在双方当事人自愿基础上，由当事人提出申请后方可调解。当事人申请劳动争议调解可以书面申请，也可以口头申请。经调解达成协议的，应当制作调解协议书。调解协议书由双方当事人签名或者盖章，经调解员签名并加盖调解组织印章后生效，对双方当事人具有约束力，当事人应当履行。如果当事人一方或双方反悔，调解委员会无权强制当事人执行调解协议，视为调解不成，当事人可以依法申请仲裁。

3. 劳动争议仲裁

劳动争议仲裁是指劳动争议仲裁委员会对劳动争议当事人双方争议的事项，依法作出裁决的活动。具有行政性和准司法性，是劳动争议案件进入司法审理的前提和必经程序，不经劳动争议仲裁不能向人民法院起诉，对于劳动争议仲裁所作的生效裁决书和调解书，根据当事人的申请，人民法院应予强制执行。

劳动争议仲裁由劳动合同履行地或者用人单位所在地的劳动争议仲裁委员会管辖。双方当事人分别向劳动合同履行地和用人单位所在地的劳动争议仲裁委员会申请仲裁的，由劳动合同履行地的劳动争议仲裁委员会管辖。劳动争议仲裁不收费。劳动争议仲裁委员会的经费由财政予以保障。

在劳动争议仲裁过程中，必须遵循仲裁前置原则、先行调解原则、劳动争议调解协议的仲裁审查确认原则、一次裁决制度、时效制度等基本原则开展，劳动争议仲裁需经过仲裁申请和受理、审理、执行程序。

4. 劳动争议诉讼

劳动争议诉讼是指劳动争议当事人不服劳动争议仲裁委员会的裁决，在规定的期限内向人民法院起诉，人民法院依法受理后，依法对劳动争议案件进行审理的活动。劳动争议的诉讼，是解决劳动争议的最终程序。劳动争议诉讼案件的程序与一般民事案件的处理程序相同，案件处理的一般规则并无变化，但也存在一些特殊情况。

（1）劳动争议案件的起诉

对劳动争议裁决案件的起诉。在这里，当事人向人民法院提起劳动争议诉讼需要满足两个条件：一是劳动争议已经过仲裁，且仲裁裁决不属于终局裁决；二是对劳动争议仲裁裁决不服的当事人，必须在收到裁决书之日起 15 日内向人民法院提起诉讼。对于当事人不服劳动争议仲裁委员会作出的预先支付劳动者部分工资或者医疗费用的裁决，用人单位向人民法院起诉的，人民法院不予受理。用人单位不履行部分裁决中的给付义务，劳动者依法向人民法院申请强制执行的，人民法院应予受理。

对劳动争议仲裁不予受理案件的起诉。在劳动争议案件的仲裁实践中，劳动争议仲裁委员会可能会因各种理由不受理劳动争议案件当事人提出的申请，这些不予受理的案件，又被起诉至人民法院。为妥善解决这类仲裁不予受理案件的起诉，最高人民法院对各种因不同理由不予受理案件的处理，作了较为详尽的司法解释，在这里需要我们重点掌握的是可直接向人民法院起诉的三类劳动争议案件，具体包括：劳动者以用人单位的工资欠条为证据直接向人民法院起诉，诉讼请求不涉及劳动关系其他争议的；当事人在劳动争议调解委员会主持下仅就劳动报酬争议达成调解协议，用人单位不履行调解协议确定的给付义务，劳动者直接向人民法院起诉的；申请支付令被人民法院裁定终结督促程序后，劳动者依调解协议直接向人民法院起诉的。

（2）劳动争议诉讼案件的举证责任

劳动争议诉讼案件一般遵循“谁主张、谁举证”的证据规则，但有一部分特殊情形是由用人单位负担举证责任。具体包括：劳动关系的举证；开除、除名等用工行为的举证；加班费的举证；工伤认定的举证。

（3）劳动争议裁决书和调解书不予执行的情况

当生效的裁决书、调解书出现以下情形之一的，经证据证明且经审查核实的，人民法院可以裁定不予执行，具体包括：裁决的事项不属于劳动争议仲裁范围，或者劳动争议仲裁机构无权仲裁的；适用法律确有错误的；仲裁员仲裁该案时，有徇私舞弊、枉法裁决行为的；人民法院认定执行该劳动争议仲裁裁决违背社会公共利益的。人民法院在不予执行的裁定书中，应当告知当事人在收到裁定书之次日起 30 日内，可以就该劳动争议事项向人民法院起诉。

思考题：

1. 劳动权益的基本内涵有哪些？
2. 大学生劳动权益保护的方法与途径有哪些？
3. 劳动争议的解决机制有哪些？

后 记

为深入贯彻习近平总书记关于教育的重要论述，全面贯彻党的教育方针，落实中共中央、国务院《关于全面加强新时代大中小学劳动教育的意见》，加快构建德智体美劳全面培养的教育体系，教育部2020年7月印发《大中小学劳动教育指导纲要（试行）》的通知，明确劳动教育是新时代党对教育的新要求，是中国特色社会主义教育制度的重要内容，是全面发展教育体系的重要组成部分，在大中小学设立劳动教育必修课程。

本教材由东北大学马克思主义学院田鹏颖教授主持编写和统稿审定。参与本书编写的作者有：吉林大学马克思主义学院吴宏政教授，厦门大学马克思主义学院石红梅教授，上海第二工业大学马克思主义学院刘文教授，延安大学马克思主义学院郝琦教授，东北大学马克思主义学院朱丽颖教授、张志元教授、董蕾老师和沈阳职业技术学院马克思主义学院李丹老师。本书在编写过程中，按照中共中央、国务院及教育部等相关文件的要求进行编写，学习借鉴了诸多专家、学者的文章和学术成果，并且得到中国工人出版社的大力支持和指导帮助，在此深表谢意！

2021 年 10 月